LA LIVRE DE CUISINE DES FRUITS DE MER

DÉLICIEUSES RECETTES AU HOMARD, CREVETTES, PÉTONCLES ET SAUMON

ÉLIE ÉMILE

Tous les droits sont réservés.

Avertissement

Les informations contenues dans cet eBook sont destinées à servir de collection complète de stratégies sur lesquelles l'auteur de cet eBook a effectué des recherches. Les résumés, stratégies, trucs et astuces ne sont que des recommandations de l'auteur, et la lecture de cet eBook ne garantit pas que ses résultats refléteront exactement les résultats de l'auteur. L'auteur de l'eBook a fait tous les efforts raisonnables pour fournir des informations actuelles et précises aux lecteurs de l'eBook. L'auteur et ses associés ne sauraient être tenus responsables des erreurs ou omissions involontaires qui pourraient être constatées. Le contenu de l'eBook peut inclure des informations provenant de tiers. Les documents de tiers comprennent les opinions exprimées par leurs propriétaires. En tant que tel, l'auteur de l'eBook n'assume aucune responsabilité pour tout matériel ou opinion de tiers.

L'eBook est protégé par copyright © 2022 avec tous droits réservés. Il est illégal de redistribuer, copier ou créer des travaux dérivés à partir de cet eBook en tout ou en partie. Aucune partie de ce rapport ne peut être reproduite ou retransmise sous quelque forme que ce soit sans l'autorisation écrite expresse et signée de l'auteur.

TABLE DES MATIÈRES

TABLE DES MATIÈRES... 4
INTRODUCTION.. 8
HOMARD... 9
    1. Homard Thermidor sauce Newburg.................................. 10
    2. Rouleau de homard du Maine... 13
    3. Homard Farci Thermidor... 16
    4. Homard à la Vanille.. 19
CREVETTE... 22
    5. Crevettes grillées épicées... 23
    6. Crevettes grillées aux herbes.. 26
    7. Crevettes en brochette... 29
    8. Paquets de crevettes... 32
    9. Crevettes au basilic... 34
    10. Crevettes grillées enrobées de bacon............................ 36
    11. Crevette grillée.. 38
    12. Cuisson aux crevettes de l'Alabama.............................. 40
    13. Paesano presque aux crevettes...................................... 43
    14. Risotto aux haricots et aux crevettes............................ 46
    15. Crevettes grillées à la bière.. 49
    16. Crevettes bouillies du Golfe.. 51
    17. Sauce Rémoulade.. 53
    18. Langoustines de Californie... 55
    19. Crevettes et Pâtes au Champagne................................ 57
    20. Crevettes à la noix de coco avec gelée de jalapeño..... 60
    21. Crevette Tempura Noix De Coco................................. 62
    22. Cornsicles aux crevettes et à l'origan........................... 65
    23. Crevettes crémeuses au pesto....................................... 68

24. Crevette Delta..70
25. Crevettes à la crème..73
26. Canoës Aubergine..75
27. Crevettes à l'ail..78
28. Crevettes Marinées Grillées..81
29. Crevettes texanes..84
30. Brochettes de crevettes hawaïennes....................................87
31. Crevettes grillées au miel et au thym....................................89
32. Marinade à l'ail rôti..92
33. Crevettes piquantes et épicées...94
34. Crevettes grillées à l'italienne...97
35. Crevettes jerk avec riz jamaïcain sucré................................99
36. Crevettes Grillées Citron-Ail... 102
37. Crevettes Poivre Citron Vert... 104
38. Esplanade aux crevettes de la Louisiane........................... 106
39. Malibu Sauté De Crevettes... 108
40. Crevettes au four...111
41. Salade de crevettes vraiment cool..................................... 114
42. M-80 Crevette de roche.. 116
43. Toast de la ville... 120
44. Crevettes à la Plancha sur Allioli au Safran....................... 123
45. Curry de crevettes à la moutarde....................................... 128
46. Curry de crevettes...130
47. Crevettes à la sauce à l'ail... 133
48. Crevettes à la crème de moutarde..................................... 136
49. Gaspacho..138
50. Crevette Linguine Alfredo... 141
51. Marinara aux crevettes... 143
52. crevette de Newburg...145
53. Crevettes marinées épicées... 148
54. Crevettes épicées de Singapour.. 151
55. Crevette étoilée... 154

POULPE..156

56. Poulpe au vin rouge...157
57. Poulpe mariné..160
58. Poulpe Cuit Au Vin...163
59. Petit poulpe grillé à la sicilienne...165

ESCALOPES.. 169

60. Pâté aux fruits de mer..170
61. Pétoncles au four avec sauce à l'ail..174
62. Noix de Saint-Jacques à la provençale................................... 177
63. Pétoncles au Beurre Blanc... 179

ÉGLEFIN... 182

64. Haddock au beurre aux fines herbes.....................................183
65. Aiglefin épicé cajun... 187
66. Chaudrée d'aiglefin, poireaux et pommes de terre................189
67. Haddock fumé et chutney de tomates................................... 191

SAUMON.. 195

68. Saumon au four magique..196
69. Saumon à la grenade et au quinoa....................................... 199
70. Saumon au four et patates douces....................................... 203
71. Saumon au four avec sauce aux haricots noirs..................... 207
72. Saumon grillé au paprika avec épinards............................... 210
73. Saumon Teriyaki aux Légumes... 213
74. Saumon à l'asiatique avec nouilles...................................... 217
75. Saumon poché dans un bouillon de tomates et d'ail............221
76. Saumon poché... 225
77. Saumon poché avec salsa aux herbes vertes.......................227
78. Salade froide de saumon poché... 230
79. Saumon poché avec riz gluant... 234
80. Filet de saumon aux agrumes... 238
81. Lasagnes au saumon...241
82. Filets de saumon teriyaki..246
83. Saumon à peau croustillante avec vinaigrette aux câpres.... 249

84. Filet de Saumon au Caviar.. 252
85. Steaks de saumon grillés à l'anchois......................................257
86. Saumon fumé au BBQ... 260
87. Saumon grillé au charbon de bois et haricots noirs............ 263
88. Saumon d'Alaska grillé au pétard..267
89. Flash de saumon grillé..270
90. Pâtes au saumon grillé et encre de seiche.............................. 273
91. Saumon aux oignons grillés...277
92. Saumon sur planche de cèdre..281
93. Saumon fumé à l'ail.. 284
94. Saumon grillé aux pêches fraîches....................................... 287
95. Saumon fumé et fromage à la crème sur pain grillé............ 291
96. Salade de saumon grillé au gingembre................................294
97. Saumon grillé avec une salade de fenouil............................298
98. Saumon grillé avec pomme de terre et cresson....................301

Espadon... 305

99. Espadon au sésame mandarin... 306
100. Steaks d'espadon épicés... 309

Conclusion..311

INTRODUCTION

Il y a peu de choses dans la vie qui ont un goût aussi délicieux et divin sur votre langue qu'un homard fraîchement cuit ou préparé avec soin, un plat de crevettes ou une assiette de thon. Si vous n'avez jamais connu le goût du crabe ou des fruits de mer qui fondent dans la bouche, ce livre est fait pour vous !

Il existe de nombreuses façons savoureuses d'incorporer des fruits de mer dans votre préparation de repas. C'est une façon saine et délicieuse de manger des protéines maigres et nourrissantes, et c'est l'épine dorsale du régime méditerranéen.

Les recettes ci-dessous comprennent du saumon, des crevettes, des pétoncles, du poulpe et de l'aiglefin. Chaque recette est relativement facile à réaliser et pleine de saveurs incroyables. Il y en a pour tous les goûts, du riz frit aux crevettes au saumon au pesto en passant par les pétoncles parfaitement saisis

HOMARD

1. **Homard Thermidor sauce Newburg**

Ingrédients
sauce
- 3 cuillères à soupe de beurre
- 1 tasse de jus de palourde
- 1/4 à 1/2 tasse de lait
- 1/2 cuillère à café de paprika
- Pincée de sel
- 3 cuillères à soupe de xérès
- 2 cuillères à soupe de farine tout usage
- 4 cuillères à soupe de crème légère

Homard
- 5 onces de chair de homard, coupée en morceaux de 1 pouce
- 1 cuillère à soupe de piments finement hachés
- 1/2 tasse de champignons tranchés épais
- 1 cuillère à soupe de ciboulette hachée
- Beurre pour faire sauter
- 1 cuillère à soupe de xérès

Sauce Newbourg
- 1/2 à 1 tasse de fromage cheddar râpé
- Préchauffer le four à 350 degrés F.

les directions
a) Faire fondre le beurre à feu moyen-doux. Lorsqu'il est complètement fondu, ajouter le paprika et remuer pendant 2 minutes. Ajouter la farine au beurre et remuer pendant 2 à 3 minutes pour cuire le roux. Remuez constamment pour éviter de brûler. Ajouter le

jus de palourdes et remuer jusqu'à ce que l'épaississement commence. Ajouter 1/4 tasse de lait, la crème légère et le xérès. Laisser mijoter pendant 5 minutes et, si nécessaire, ajouter le 1/4 tasse de lait restant.

b) À feu moyen, faire fondre suffisamment de beurre pour recouvrir légèrement le fond d'une grande sauteuse lourde. Placer le homard, la ciboulette, les piments et les champignons dans la poêle et remuer pendant 3 à 4 minutes. Augmenter le feu à vif et ajouter le xérès pour déglacer la poêle. Soyez prudent car le sherry peut s'enflammer lorsque l'alcool brûle.

c) Incorporer 4 onces de sauce Newburg et remuer pendant 1 minute. Verser dans une casserole pour une personne et saupoudrer de fromage. Cuire au four environ 5 minutes ou jusqu'à ce que le fromage soit fondu et bouillonne.

2. Rouleau de homard du Maine

Ingrédients

- Quatre homards de 1 à 1 1/4 livre
- 1/4 tasse plus 2 cuillères à soupe de mayonnaise
- Sel et poivre fraîchement moulu
- 1/4 tasse de céleri coupé en petits dés
- 2 cuillères à soupe de jus de citron frais
- Pincée de poivre de cayenne
- 4 pains à hot-dog fendus sur le dessus
- 2 cuillères à soupe de beurre non salé, fondu
- 1/2 tasse de laitue Boston râpée

les directions

a) Préparez un grand bain d'eau glacée. Dans une très grande casserole d'eau bouillante salée, cuire les homards jusqu'à ce qu'ils deviennent rouge vif, environ 10 minutes. A l'aide de pinces, plonger les homards dans le bain d'eau glacée pendant 2 minutes, puis les égoutter.

b) Dévissez les queues et les pinces des homards et retirez la chair. Retirez et jetez la veine intestinale qui court le long de chaque queue de homard. Coupez la chair de homard en morceaux de 1/2 pouce et séchez-la, puis transférez-la dans une passoire placée au-dessus d'un bol et réfrigérez jusqu'à ce qu'elle soit très froide, au moins 1 heure

c) Dans un grand bol, mélanger la chair de homard avec la mayonnaise et assaisonner de sel et de poivre. Incorporer les dés de céleri, le jus de citron et le poivre de Cayenne jusqu'à ce que le tout soit bien mélangé.

d) Faites chauffer une grande poêle. Badigeonnez les côtés des pains à hot-dog avec le beurre fondu et faites-les griller à feu modéré jusqu'à ce qu'ils soient dorés des deux côtés. Transférez les pains à hot-dog dans des assiettes, remplissez-les avec la laitue râpée et la salade de homard et servez immédiatement.

3. Homard Farci Thermidor

Ingrédients
- 6 (1 livre) queues de homard congelées
- 10 cuillères à soupe de beurre, fondu
- 1 tasse de champignons frais tranchés
- 4 cuillères à soupe de farine
- 1 cuillère à café de moutarde sèche
- 2 traits de muscade moulue
- 2 traits de piment de Cayenne
- 1 cuillère à café de sel
- 1 tasse de lait
- 1 tasse moitié-moitié
- 2 jaunes d'œufs légèrement battus
- 1 cuillère à café de jus de citron
- 2 cuillères à soupe de vin de xérès
- 1/2 tasse de chapelure fine
- 2 cuillères à soupe de parmesan râpé

les directions
a) Préchauffer le four à 450 degrés F.
b) Placer les queues de homard dans une grande casserole d'eau bouillante et couvrir. Cuire jusqu'à tendreté, environ 20 minutes; drainer.
c) Couper chaque queue en deux dans le sens de la longueur et couper la chair de homard en dés. Réserver les queues de homard vides.
d) Verser 1/4 tasse de beurre dans une casserole; ajouter les champignons et faire sauter jusqu'à ce qu'ils soient légèrement dorés. Incorporer la farine et mélanger les assaisonnements. Ajouter graduellement le lait et la moitié-

moitié au mélange, en remuant constamment jusqu'à épaississement. Ajouter une petite quantité de mélange chaud aux jaunes d'œufs, en remuant constamment; puis remettre le mélange de jaunes d'œufs dans la sauce à la crème, en remuant constamment et en cuisant jusqu'à épaississement. Incorporer le jus de citron, le sherry et la chair de homard; verser dans les carapaces de homard. Mélanger la chapelure, le parmesan et le reste du beurre; parsemer sur les queues de homard farcies. Placer sur une plaque à biscuits et cuire au four à 400 degrés F pendant 15 minutes.

Pour 6 personnes.

4. Homard à la Vanille

Ingrédients

- Homard vivant de 1 1/2 livre par personne
- 1 oignon
- 1 gousse d'ail
- Tomates, pelées et hachées finement
- Un peu de vin ou de bouillon de poisson
- Le beurre
- Sherry
- Extrait de vanille
- poivre de Cayenne

les directions

a) Couper le homard en deux. Cassez les griffes et coupez la queue à travers les articulations. Faites fondre une noix de beurre dans une sauteuse à fond épais, faites revenir doucement l'oignon et l'ail. Ajouter les morceaux de homard et cuire jusqu'à ce qu'ils deviennent rouges, avant de les retirer dans un endroit chaud.

b) Maintenant, augmentez le feu et ajoutez le reste des ingrédients, à l'exception de la vanille, du beurre et du poivre de Cayenne. Réduire les tomates jusqu'à ce qu'elles forment une bouillie bouillonnante, puis baisser le feu et ajouter le beurre en morceaux et remuer pour empêcher la sauce de se séparer.

c) Enfin, ajoutez une demi-cuillère à café de vanille et un shake de poivre de Cayenne.
Verser la sauce sur le homard et servir avec du riz.

CREVETTE

5. Crevettes grillées épicées

Pour 6 personnes

Ingrédients

- 1/3 tasse d'huile d'olive
- 1/4 tasse d'huile de sésame
- 1/4 tasse de persil frais haché
- 3 cuillères à soupe de sauce barbecue épicée au chipotle
- 1 cuillère à soupe d'ail haché
- 1 cuillère à soupe de sauce chili asiatique 1 cuillère à café de sel
- 1 cuillère à café de poivre noir
- 3 cuillères à soupe de jus de citron
- 2 livres. grosses crevettes décortiquées et déveinées
- 12 brochettes en bois trempées dans l'eau
- Frottement

les directions

a) Fouetter ensemble l'huile d'olive, l'huile de sésame, le persil, la sauce barbecue chipotle épicée, l'ail haché, la sauce chili, le sel, le poivre et le jus de citron dans un bol à mélanger. Réserver environ 1/3 de cette marinade à utiliser pendant la cuisson.

b) Placer les crevettes dans un grand sac en plastique refermable. Verser le reste de la marinade et refermer le sac. Réfrigérer pendant 2 heures. Préchauffez le gril Good-One® à feu vif. Enfiler les crevettes sur des brochettes en perçant une fois près de la queue et une fois près de la tête. Jeter la marinade.

c) Graisser légèrement la grille du gril. Cuire les crevettes 2 minutes de chaque côté jusqu'à ce qu'elles soient opaques, en arrosant fréquemment avec la marinade réservée

6.   Crevettes grillées aux herbes

Pour 4 personnes

Ingrédients

- 2 livres. crevettes géantes décortiquées et déveinées ¾ tasse d'huile d'olive
- 2 cuillères à soupe de jus de citron fraîchement pressé 2 tasses de basilic frais haché
- 2 gousses d'ail, écrasées
- 1 cuillère à soupe de persil haché 1 cuillère à café de sel
- ½ cuillère à café d'origan
- ½ cuillères à café de poivre noir fraîchement moulu

les directions

a) Étendre les crevettes en une seule couche dans un plat peu profond en verre ou en céramique.
b) Au robot culinaire, mélanger l'huile d'olive avec le jus de citron.
c) Couvrir et réfrigérer pendant 2 heures. Remuez les crevettes 4 à 5 fois pendant la marinade.
d) Préparez le gril.

e) Huilez légèrement la grille de cuisson.
f) Déposer les crevettes sur la grille huilée (peut être embrochée si désiré) sur les braises chaudes et griller pendant 3 à 5 minutes de chaque côté jusqu'à ce qu'elles soient légèrement carbonisées et bien cuites. Ne pas trop cuire.
g) Sers immédiatement.

7. Crevettes en brochette

Pour 4 personnes (portions apéritives)

Ingrédients

- ½ cuillère à soupe de sauce piquante
- 1 cuillère à soupe de moutarde de Dijon 3 cuillères à soupe de bière
- ½ livre de grosses crevettes, décortiquées et déveinées
- 3 tranches de bacon, coupées sur la longueur en 12 lanières
- 2 cuillères à soupe de cassonade claire

les directions

a) Mélanger la sauce piquante, la moutarde et la bière dans un bol à mélanger.
b) Ajouter les crevettes et mélanger pour bien enrober. Réfrigérer pendant au moins 2 heures. Égoutter et réserver la marinade. Envelopper chaque crevette d'une lanière de bacon.
c) Enfiler 3 crevettes sur 4 brochettes doubles. Mettre les brochettes dans un bol peu profond et verser la marinade réservée. Saupoudrer les crevettes de sucre. Réfrigérer au moins 1 heure

d) Préparez le Good-One Grill. Placer les brochettes sur le gril, verser la marinade dessus et fermer le couvercle. Faites cuire 4 minutes, puis retournez-les, fermez le couvercle et laissez cuire 4 minutes.
e) Sers immédiatement

8. Paquets de crevettes

Ingrédients

- 4 livres. Grosses crevettes
- 1 tasse de beurre ou de margarine
- 1 grosse gousse d'ail, hachée
- 1/2 cuillères à café de poivre noir
- 1 cuillères à café de sel
- 1 tasse de persil, haché

les directions

a) Décortiquer et nettoyer les crevettes
b) crème au beurre; ajouter le reste des ingrédients au beurre et bien mélanger. Coupez 6 bandes de 9 pouces de papier d'aluminium résistant. Coupez ensuite chaque bande en deux. Répartir les crevettes également sur chaque morceau de papier d'aluminium. Garnir chacun avec 1/12e du mélange de beurre, mettre du papier d'aluminium autour des crevettes; tordre fermement pour sceller. Déposer les papillotes de crevettes sur la braise. Cuire 5 minutes.

Donne 12 paquets

9. Crevettes au basilic

Ingrédients

- 2 1/2 cuillères à soupe d'huile d'olive
- 1/4 tasse de beurre, fondu
- 1/2 citrons, jus
- à soupe de moutarde préparée à gros grains
- onces de basilic frais haché
- Gousses d'ail emincées
- sel au goût
- 1 pincée de poivre blanc
- 3 livres de crevettes fraîches, décortiquées et déveinées

les directions

a) Dans un plat ou un bol peu profond et non poreux, mélanger l'huile d'olive et le beurre fondu. Incorporer ensuite le jus de citron, la moutarde, le basilic et l'ail et assaisonner de sel et de poivre blanc. Ajouter les crevettes et remuer pour enrober. Couvrir et placer au réfrigérateur ou dans une glacière pendant 1 heure. Préchauffer le gril à feu vif.

b) Retirer les crevettes de la marinade et les enfiler sur des brochettes. Huiler légèrement la grille et disposer les brochettes sur le gril. Cuire pendant 4 minutes, en retournant une fois, jusqu'à ce qu'ils soient cuits.

10. Crevettes grillées enrobées de bacon

Ingrédients

- 1 lb de grosses crevettes
- tranches de bacon, coupées en 1/2
- fromage au poivre

les directions

a) Laver, décortiquer et déveiner les crevettes. Fendre le dos de chaque crevette. Placer une petite tranche de fromage dans la fente et envelopper d'un morceau de lard. Utilisez un cure-dent pour maintenir ensemble.

b) Cuire sur le gril jusqu'à ce que le bacon soit légèrement croustillant. C'est délicieux et facile !

11. Crevette grillée

Ingrédients

- 1 livre de crevettes de taille moyenne
- 3-4 cuillères à soupe d'huile d'olive
- 2 cuillères à soupe "Assaisonnement Old Bay"

les directions

a) Décortiquer et déveiner les crevettes en laissant sur la queue. Placer tous les ingrédients dans un sac à fermeture éclair et bien agiter. Cela peut mariner 5 minutes ou plusieurs heures.

b) Placer les crevettes sur une "lèchefrite" (avec des trous pour que les crevettes ne tombent pas entre les grilles du gril) et faire griller à feu moyen pendant plusieurs minutes. Très épicé

Pour 2

12. Cuisson aux crevettes de l'Alabama

Ingrédients

- 1 tasse de beurre ou de margarine, fondu
- 3/4 tasse de jus de citron
- 3/4 tasse de sauce Worcestershire
- 1 cuillère à soupe de sel
- 1 cuillère à soupe de poivre grossièrement moulu
- 1 cuillère à café de romarin séché
- 1/8 cuillère à café de piment rouge moulu
- 1 cuillère à soupe de sauce piquante
- 3 gousses d'ail, hachées
- 2 1/2 livres de crevettes grosses ou géantes non décortiquées
- 2 citrons, tranchés finement
- 1 oignon moyen, tranché finement
- Brins de romarin frais

les directions

a) Combiner les 9 premiers ingrédients dans un petit bol; mettre de côté.

b) Rincer les crevettes à l'eau froide; bien égoutter. Étalez les crevettes, les tranches de citron et les tranches d'oignon dans un plat de cuisson non graissé de 13 x 9 x 2 pouces. Verser le mélange de beurre sur les crevettes. Cuire à découvert, à 400 degrés F pendant 20 à

25 minutes ou jusqu'à ce que les crevettes deviennent roses, en arrosant de temps en temps avec le jus de cuisson. Garnir de brins de romarin frais.

13. Paesano presque aux crevettes

Ingrédients

- Crevette
- 1 oeuf
- 1 tasse de lait
- Sel et poivre au goût
- 1 livre de crevettes extra-larges, décortiquées et déveinées, queues laissées
- 1/2 tasse de farine tout usage
- Huile végétale

les directions

a) Dans un bol peu profond, mélanger les œufs, le lait, le sel et le poivre. Tremper les crevettes dans le mélange, puis les tremper légèrement dans la farine.

b) Faire chauffer l'huile dans une sauteuse jusqu'à ce qu'elle soit chaude, puis ajouter les crevettes 4 à 6 à la fois, en s'assurant que les crevettes ont suffisamment d'espace pour cuire. (Il est important que les crevettes ne soient pas proches les unes des autres ou ne se touchent pas.) Faites-les dorer d'un côté, puis retournez-les et faites-les dorer de l'autre. Cuire jusqu'à ce qu'il soit cuit ou mettre sur une plaque à pâtisserie dans un four préchauffé à 350 degrés F pour terminer la cuisson. Pendant ce temps, préparez la sauce.

14. Risotto aux haricots et aux crevettes

Ingrédients

- 1 ½ tasse d'oignon, haché
- 1 lb de crevettes décortiquées et déveinées
- 4 gousses d'ail, hachées
- 1 tasse de pois mange-tout
- 1 cuillère à soupe d'huile d'olive
- 1 boîte de haricots rouges ou ½ tasses cuites
- 3 à 4 oz. champignons, tranchés
- haricots rouges secs, rincés,
- 1 ½ tasse de riz Arborio, égoutté
- 3 boîtes de bouillon de poulet à teneur réduite en sodium sans gras
- 1 tomate moyenne, hachée
- tasse de fromage parmesan ou asiago
- sel et poivre au goût

les directions

a) Faire revenir l'oignon, l'ail et les champignons dans l'huile dans une grande casserole jusqu'à ce qu'ils soient tendres, de 5 à 8 minutes.
b) Incorporer le riz et cuire 2 à 3 minutes.
c) Chauffer le bouillon jusqu'à ébullition dans une casserole moyenne; réduire le feu à doux. Ajouter 1 tasse de bouillon au riz et cuire, en remuant constamment, jusqu'à ce que le bouillon soit absorbé, 1 à 2 minutes. Ajouter

lentement 2 tasses de bouillon et laisser mijoter, en remuant, jusqu'à ce que le bouillon soit absorbé.

d) Ajouter les crevettes, les pois mange-tout et le reste du bouillon dans la casserole. Cuire, en remuant fréquemment, jusqu'à ce que le riz soit juste tendre et que le liquide soit absorbé, 5 à 10 minutes.

e) Ajouter les haricots et les tomates; cuire 2 à 3 minutes de plus. Incorporer le fromage; assaisonner au goût avec du sel et du poivre.

15. Crevettes grillées à la bière

Ingrédients

- 3/4 tasse de bière
- 3 cuillères à soupe d'huile végétale
- 2 cuillères à soupe de persil ciselé
- 4 cuillères à café de sauce Worcestershire
- 1 gousse d'ail, hachée
- 1/2 cuillère à café de sel
- 1/8 cuillère à café de poivre
- 2 livres de grosses crevettes, non décortiquées

les directions

a) Mélanger l'huile, le persil, la sauce Worcestershire, l'ail, le sel et le poivre. Ajouter les crevettes; remuer. Couverture; laisser reposer à température ambiante pendant 1 heure.

b) Égoutter, réserver la marinade. Placer les crevettes sur une grille à griller bien graissée; griller 4 à 5 pouces de chaleur pendant 4 minutes. Tour; badigeonner de marinade. Faire griller de 2 à 4 minutes de plus ou jusqu'à ce qu'il soit rose vif.

Donne 6 portions

16. Crevettes bouillies du Golfe

Ingrédients

- 1 litre d'eau
- 3 onces de chair de crabe
- 2 citrons, tranchés
- 6 grains de poivre
- 2 feuilles de laurier
- 5 livres de crevettes crues dans la carapace

les directions

a) Porter à ébullition l'eau assaisonnée de bouillon de crabe, de citrons, de grains de poivre et de feuilles de laurier. Plongez-y les crevettes.

b) Lorsque l'eau revient à ébullition, faites cuire les crevettes géantes ou grosses pendant 12 à 13 minutes et les crevettes moyennes pendant 7 à 8 minutes. Retirer du feu et ajouter 1 litre d'eau glacée. Laisser reposer 10 minutes. Drainer.

17. Sauce Rémoulade

Ingrédients

- 1/2 cuillère à soupe de moutarde créole ou plus
- 2 cuillères à soupe d'oignon râpé
- 1 pinte de mayonnaise
- 1/4 tasse de raifort ou plus
- 1/2 tasse de ciboulette hachée
- 1/4 cuillère à café de sel
- 1 cuillère à soupe de jus de citron
- 1/4 cuillère à café de poivre

les directions

a) Mélanger tous les ingrédients. Servir sur des crevettes bouillies froides pour un plat principal de rémoulade de crevettes ou utiliser comme trempette pour des crevettes bouillies. La sauce est meilleure après 24 heures.
b) Donne 2 1/4 tasses de sauce.

18. Langoustines de Californie

Ingrédients

- 1 livre de beurre, clarifié
- 1 cuillère à soupe d'ail haché
- 1 cuillère à café de sel
- 1 cuillère à café de poivre
- 1 1/2 livre de grosses crevettes, décortiquées et déveinées

les directions

a) Faites chauffer 3 cuillères à soupe de beurre clarifié dans une grande poêle. Ajouter l'ail et faire revenir. Ajouter le sel et le poivre et les crevettes, qui peuvent être papillonnées, si désiré. Faire sauter jusqu'à ce que les crevettes changent de couleur et soient tendres. Ajouter le reste du beurre et faire chauffer. Déposer les crevettes sur des assiettes et napper de beurre chaud.

b) Donne 4 à 6 portions

19. Crevettes et Pâtes au Champagne

Ingrédients

- 8 onces de cheveux d'ange
- 1 cuillère à soupe d'huile d'olive extra vierge
- 1 tasse de champignons frais tranchés
- 1 livre de crevettes moyennes, décortiquées et déveinées
- 1-1/2 tasses de champagne
- 1/4 cuillère à café de sel
- 2 cuillères à soupe d'échalotes hachées
- 2 tomates italiennes, coupées en dés
- 1 tasse de crème épaisse
- sel et poivre au goût
- 3 cuillères à soupe de persil frais haché
- fromage parmesan fraîchement râpé

les directions

a) Porter à ébullition une grande casserole d'eau légèrement salée. Cuire les pâtes dans l'eau bouillante de 6 à 8 minutes ou jusqu'à ce qu'elles soient al dente; drainer. Pendant ce temps, chauffer l'huile à feu moyen-vif dans une grande poêle à frire. Cuire et remuer les champignons dans l'huile jusqu'à ce qu'ils soient tendres. Retirer les champignons de la poêle et réserver.

b) Mélangez les crevettes, le champagne et le sel dans la poêle et faites cuire à feu vif. Lorsque le liquide commence à bouillir, retirer les crevettes de la poêle. Ajouter les échalotes et les tomates au champagne; faire bouillir jusqu'à ce que le liquide soit réduit à 1/2 tasse, environ 8 minutes. Incorporer 3/4 tasse de crème; faire bouillir jusqu'à consistance légèrement épaisse, environ 1 à 2 minutes. Ajouter les crevettes et les champignons à la sauce et réchauffer.

c) Ajuster les assaisonnements au goût. Mélanger les pâtes cuites chaudes avec le 1/4 tasse de crème restante et le persil. Pour servir, déposer les crevettes avec la sauce sur les pâtes et garnir de parmesan.

20. Crevettes à la noix de coco avec gelée de jalapeño

Ingrédients

- 3 tasses de noix de coco râpée
- 12 (16-20 ou 26-30) crevettes décortiquées et déveinées
- 1 tasse de farine
- 2 œufs, battus
- Huile végétale

les directions

a) Faire griller légèrement la noix de coco sur une plaque à biscuits dans un four à 350 degrés F pendant 8 à 10 minutes.
b) Coupez chaque crevette en papillon en la fendant dans le sens de la longueur au centre, en coupant aux trois quarts. Passer les crevettes dans la farine puis les tremper dans l'œuf. Appuyez sur la noix de coco râpée dans les crevettes, puis faites-les frire dans de l'huile végétale à 350 degrés F jusqu'à ce qu'elles soient dorées.
c) Servir avec la gelée de jalapeño.

21. Crevette Tempura Noix De Coco

Ingrédients

- 2/3 tasse de farine
- 1/2 tasse de fécule de maïs
- 1 gros oeuf, battu
- 1 tasse de noix de coco fraîche râpée
- 1 tasse d'eau gazeuse glacée
- Le sel
- 1 livre de grosses crevettes, décortiquées, déveinées et avec la queue
- Assaisonnement créole
- 1 pot de chutney de mangue
- 1 plantain
- 1 cuillère à soupe de coriandre, hachée finement

les directions

a) Préchauffez la friteuse.
b) Dans un bol à mélanger de taille moyenne, mélanger la farine, la fécule de maïs, l'œuf, la noix de coco et l'eau gazeuse. Bien mélanger pour faire une pâte lisse. Assaisonnez avec du sel. Assaisonner les crevettes avec l'assaisonnement créole. En tenant la queue des crevettes, trempez-les dans la pâte, recouvrez complètement et secouez l'excédent. Faire frire les crevettes par lots jusqu'à ce qu'elles

soient dorées, environ 4 à 6 minutes. Retirer et égoutter sur du papier absorbant. Assaisonner d'assaisonnement créole.

c) Pelez les plantains. Trancher finement les plantains, dans le sens de la longueur. Faites-les frire jusqu'à ce qu'ils soient dorés. Retirer et égoutter sur du papier absorbant. Assaisonner d'assaisonnement créole.
d) Déposez un peu de chutney de mangue au centre de chaque assiette. Disposez les crevettes autour du chutney. Garnir de plantains frits et de coriandre.

22. Cornsicles aux crevettes et à l'origan

Ingrédients

- 6 épis de maïs
- 1 cuillère à café de sel
- 1/4 cuillère à café de poivre blanc
- 1 cuillère à soupe d'origan mexicain frais haché ou
- 1 cuillère à café d'origan mexicain séché
- 12 crevettes moyennes
- 24 bâtonnets de popsicle

les directions

a) Décortiquer, déveiner et couper les crevettes. Coupez le maïs et retirez les cosses et la soie. Conservez et lavez les plus grosses coques. Coupez les grains de maïs de l'épi en grattant autant de lait que possible. Broyez les grains à l'aide d'un hachoir à viande avec une lame tranchante. Ajouter le sel, le poivre blanc, l'origan et les crevettes. Bien mélanger.

b) Préchauffer le four à 325 degrés F.

c) Déposez une cuillère à soupe du mélange de maïs au centre d'une cosse propre. Pliez le côté gauche de l'enveloppe vers le centre, puis le côté droit, puis pliez l'extrémité inférieure vers le haut. Poussez un bâton de Popsicle de 2 à 3 pouces dans l'extrémité ouverte et pincez l'enveloppe autour du bâton avec vos doigts.

Déchirez un mince brin d'une enveloppe sèche et attachez-le autour de la cornsicle. Disposez les rouleaux, bâtonnets en l'air et très rapprochés, dans un plat à gratin en verre ou un moule à cake. Cuire 30 minutes, jusqu'à ce que le mélange de maïs soit ferme et solide.

d) Pour manger un cornsicle, décollez la cosse de maïs et mangez-la chaude du bâton, comme vous le feriez pour un Popsicle.

23. Crevettes crémeuses au pesto

Ingrédients

- 1 livre de pâtes linguine
- 1/2 tasse de beurre
- 2 tasses de crème épaisse
- 1/2 cuillère à café de poivre noir moulu
- 1 tasse de parmesan râpé
- 1/3 tasse de pesto
- 1 livre de grosses crevettes, décortiquées et déveinées

les directions

Porter à ébullition une grande casserole d'eau légèrement salée. Ajouter les pâtes linguine et cuire de 8 à 10 minutes ou jusqu'à ce qu'elles soient al dente; drainer. Dans une grande poêle, faire fondre

le beurre à feu moyen. Incorporer la crème et assaisonner de poivre. Cuire 6 à 8 minutes en remuant constamment. Incorporer le parmesan à la sauce à la crème, en remuant jusqu'à ce qu'il soit bien mélangé. Incorporer le pesto et cuire 3 à 5 minutes, jusqu'à épaississement. Incorporer les crevettes et cuire jusqu'à ce qu'elles deviennent roses, environ 5 minutes. Servir sur les linguines chaudes.

24. Crevette Delta

Ingrédients

- 2 litres d'eau
- 1/2 gros citron, tranché
- 2 1/2 livres de grosses crevettes fraîches non décortiquées
- 1 tasse d'huile végétale
- 2 cuillères à soupe de sauce piquante
- 1 1/2 cuillères à café d'huile d'olive
- 1 1/2 cuillères à café d'ail haché
- 1 cuillère à café de persil frais haché
- 3/4 cuillère à café de sel
- 3/4 cuillère à café d'assaisonnement Old Bay
- 3/4 cuillère à café de basilic entier séché
- 3/4 cuillère à café d'origan entier séché
- 3/4 cuillère à café de thym entier séché
- Laitue frisée

les directions

a) Porter à ébullition l'eau et le citron; ajouter les crevettes et cuire 3 à 5 minutes. Bien égoutter; rincer à l'eau froide. Décortiquer et déveiner les crevettes en laissant les queues intactes. Placer les crevettes dans un grand bol.

b) Mélanger l'huile et les 9 ingrédients suivants ; remuer avec un fouet métallique. Verser sur les crevettes. Remuer pour enrober les crevettes.

25. Crevettes à la crème

Ingrédients

- 3 boîtes de crème de crevette
- 1 1/2 cuillères à café de curry en poudre
- 3 tasses de crème sure
- 1 1/2 livres de crevettes, cuites et décortiquées

les directions
a) Mélanger tous les ingrédients et faire chauffer au dessus du bain-marie.
b) Servir sur du riz ou dans des galettes.

26. Canoës Aubergine

Ingrédients

- 4 aubergines moyennes
- 1 tasse d'oignons, hachés
- 1 tasse d'oignons verts, hachés
- 4 gousses d'ail, hachées
- 1 tasse de poivron, haché
- 1/2 tasse de céleri, haché
- 2 feuilles de laurier
- 1 cuillère à café de thym
- 4 cuillères à café de sel
- 1 cuillère à café de poivre noir
- 4 cuillères à soupe de graisse de bacon
- 1 1/2 livre de crevettes crues, décortiquées
- 1/2 tasse (1 bâton) de beurre
- 1 cuillère à soupe de sauce Worcestershire
- 1 cuillère à café de sauce piquante Louisiane
- 1 tasse de chapelure italienne assaisonnée
- 2 œufs, battus
- 1/2 tasse de persil, haché
- 1 livre de chair de crabe en morceaux
- 3 cuillères à soupe de jus de citron
- 8 cuillères à soupe de fromage Romano, râpé
- 1 tasse de fromage cheddar fort, râpé

les directions

a) Couper les aubergines en deux dans le sens de la longueur et les faire bouillir dans de l'eau salée pendant environ 10 minutes ou jusqu'à ce qu'elles soient tendres. Vider l'intérieur et hacher finement. Placer les coquilles d'aubergines dans un plat allant au four peu profond. Faire sauter les oignons, les oignons verts, l'ail, le poivron, le céleri, les feuilles de laurier, le thym, le sel et le poivre dans la graisse de bacon pendant environ 15 à 20 minutes. Ajouter les aubergines hachées et cuire à couvert environ 30 minutes.
b) Dans une autre poêle, faire sauter les crevettes dans le beurre jusqu'à ce qu'elles deviennent roses, environ 2 minutes, puis les ajouter au mélange d'aubergines. Ajouter la sauce Worcestershire, la sauce piquante, la chapelure et les œufs au mélange d'aubergines. Incorporer le persil et le jus de citron. Ajouter le fromage. Incorporer délicatement la chair de crabe. Remplir les coquilles d'aubergines avec le mélange. Cuire au four à découvert à 350 degrés F jusqu'à ce qu'il soit chaud et doré, environ 30 minutes.

Donne 8 portions

27. Crevettes à l'ail

Ingrédients

- 2 cuillères à soupe d'huile d'olive
- 4 gousses d'ail, tranchées finement
- 1 cuillère à soupe de piment rouge broyé
- 1 livre de crevettes
- sel et poivre au goût

les directions

a) Faire chauffer l'huile d'olive dans une poêle à feu moyen. Ajouter l'ail et le poivron rouge. Faire sauter jusqu'à ce que l'ail soit doré, en remuant souvent pour s'assurer que l'ail ne brûle pas.

b) Mélanger les crevettes dans l'huile (attention à ce que l'huile ne vous éclabousse pas). Cuire 2 minutes de chaque côté, jusqu'à ce qu'ils soient roses.

c) Ajouter le sel et le poivre. Cuire encore une minute avant de retirer du feu. Servir avec des tranches de baguette (façon tapas) ou avec des pâtes.

d) Si vous mélangez avec des pâtes : Commencez dans une grande casserole. Faites cuire les crevettes comme indiqué, tout en faisant les pâtes dans une casserole séparée (vous commencerez probablement les pâtes avant les crevettes, car les crevettes ne prennent que 5

à 7 minutes). Pendant que vous égouttez les pâtes, réservez une partie de l'eau de cuisson.
e) Lorsque les crevettes sont cuites, versez les pâtes cuites dans la casserole avec les crevettes et mélangez bien, en enrobant les pâtes avec l'huile infusée à l'ail et au poivron rouge. Ajouter l'eau des pâtes réservée, par incréments de cuillère à soupe, si nécessaire.
f) Garnir de persil haché.

28. Crevettes Marinées Grillées

Ingrédients

- 1 tasse d'huile d'olive
- 1/4 tasse de persil frais haché
- 1 citron, jus
- 2 cuillères à soupe de sauce piquante
- 3 gousses d'ail, hachées
- 1 cuillère à soupe de pâte de tomate
- 2 cuillères à café d'origan séché
- 1 cuillère à café de sel
- 1 cuillère à café de poivre noir moulu
- 2 livres de grosses crevettes, décortiquées et déveinées avec la queue attachée
- Brochettes

les directions

a) Dans un bol à mélanger, mélanger l'huile d'olive, le persil, le jus de citron, la sauce piquante, l'ail, la pâte de tomate, l'origan, le sel et le poivre noir. Réserver une petite quantité pour badigeonner plus tard. Verser le reste de la marinade dans un grand sac de plastique refermable avec les crevettes. Filmer et laisser mariner au réfrigérateur pendant 2 heures.

b) Préchauffer le gril à feu moyen-doux. Enfiler les crevettes sur des brochettes en perçant une fois près de la queue et une fois près de la tête. Jeter la marinade.

c) Graisser légèrement la grille du gril. Cuire les crevettes 5 minutes de chaque côté ou jusqu'à ce qu'elles soient opaques, en les arrosant fréquemment avec la marinade réservée.

29. Crevettes texanes

Ingrédients

- 1/4 tasse d'huile végétale
- 1/4 tasse de tequila
- 1/4 tasse de vinaigre de vin rouge
- 2 cuillères à soupe de jus de citron vert mexicain
- 1 cuillère à soupe de piments rouges moulus
- 1/2 cuillère à café de sel
- 2 gousses d'ail, finement hachées
- 1 poivron rouge, haché finement
- 24 grosses crevettes crues décortiquées et déveinées

les directions

a) Mélanger tous les ingrédients sauf les crevettes dans un plat peu profond en verre ou en plastique. Incorporer les crevettes. Couvrir et réfrigérer pendant 1 heure.

b) Retirer les crevettes de la marinade et réserver la marinade. Enfiler 4 crevettes sur chacune des six brochettes de métal (8 po). Griller sur des charbons moyens, en retournant une fois, jusqu'à ce qu'ils soient roses, 2 à 3 minutes de chaque côté.

c) Chauffer la marinade jusqu'à ébullition dans une casserole non réactive. Réduire le feu à doux. Laisser mijoter à découvert jusqu'à ce

que le poivron soit tendre, environ 5 minutes.
Servir avec des crevettes.

30. Brochettes de crevettes hawaïennes

Ingrédients

- 1/2 livre de crevettes décortiquées, déveinées et non cuites 1/2 livre de pétoncles de baie ou de mer 1 boîte de morceaux d'ananas dans le jus
- 1 poivron vert, coupé en quartiers
- tranches de bacon

Sauce:

- 6 onces de sauce barbecue
- 16 onces de salsa
- 2 cuillères à soupe de jus d'ananas
- 2 cuillères à soupe de vin blanc

les directions

a) Mélanger les ingrédients de la sauce jusqu'à homogénéité. Embrocher les morceaux d'ananas, les crevettes, les pétoncles, les quartiers de poivron et les tranches de bacon pliées.

b) Badigeonner uniformément la brochette de chaque côté et faire griller. Cuire jusqu'à ce que les crevettes soient de couleur rose. Servir avec du riz.

31. Crevettes grillées au miel et au thym

Ingrédients

- Marinade à l'ail rôti
- 2 livres de grosses crevettes non cuites fraîches ou congelées dans leur carapace
- 1 poivron rouge moyen, coupé en carrés de 1 po et blanchi
- 1 poivron jaune moyen, coupé en carrés de 1 po et blanchi
- 1 oignon rouge moyen, coupé en quartiers et séparé en morceaux

les directions

a) Préparer la marinade à l'ail rôti
b) Décortiquer les crevettes. (Si les crevettes sont congelées, ne pas les décongeler; les décortiquer à l'eau froide.) Faire une entaille peu profonde dans le sens de la longueur dans le dos de chaque crevette; laver la veine.
c) Verser 1/2 tasse de marinade dans un petit sac en plastique refermable; sceller le sac et réfrigérer jusqu'au moment de servir. Verser le reste de la marinade dans un grand sac de plastique refermable. Ajouter les crevettes, les poivrons et l'oignon, en tournant pour enrober de marinade. Sceller le sac et réfrigérer au moins 2 heures mais pas plus de 24 heures.

d) Badigeonner la grille du gril d'huile végétale. Faites chauffer des charbons ou un gril à gaz pour une chaleur directe. Retirer les crevettes et les légumes de la marinade; bien égoutter. Jeter la marinade. Enfiler alternativement les crevettes et les légumes sur chacune des six brochettes de métal de 15 pouces en laissant de l'espace entre chacune.

e) Faire griller les brochettes à découvert de 4 à 6 pouces à feu CHAUD pendant 7 à 10 minutes, en les retournant une fois, jusqu'à ce que les crevettes soient roses et fermes. Placer les brochettes sur le plateau de service. Coupez un petit coin du petit sac en plastique de la marinade réservée, à l'aide de ciseaux. Verser la marinade sur les crevettes et les légumes.

Rendement : 6 portions.

32. Marinade à l'ail rôti

Ingrédients
- 1 bulbe d'ail moyen
- 1/3 tasse d'huile d'olive ou végétale
- 2/3 tasse de jus d'orange
- 1/4 tasse de moutarde épicée au miel
- 3 cuillères à soupe de miel
- 3/4 cuillère à café de feuilles de thym séchées, écrasées

les directions
a) Préchauffer le four à 375 degrés F.
b) Couper un tiers du haut du bulbe d'ail non pelé, exposant les gousses. Placer l'ail dans un petit plat allant au four; arroser d'huile.
c) Couvrir hermétiquement et cuire 45 minutes; cool. Pressez la pulpe d'ail de la peau de papier. Placer l'ail et les ingrédients restants dans le mélangeur.
d) Couvrir et mélanger à haute vitesse jusqu'à consistance lisse. Donne environ 1 1/2 tasse.

33. Crevettes piquantes et épicées

Ingrédients
- 1 livre de beurre
- 1/4 tasse d'huile d'arachide
- 3 gousses d'ail, hachées
- 2 cuillères à soupe de romarin
- 1 cuillère à café de basilic haché
- 1 cuillère à café de thym haché
- 1 cuillère à café d'origan haché
- 1 petit piment fort, haché, ou
- 2 cuillères à soupe de poivre de Cayenne moulu
- 2 cuillères à café de poivre noir fraîchement moulu
- 2 feuilles de laurier, émiettées
- 1 cuillère à soupe de paprika
- 2 cuillères à café de jus de citron
- 2 livres de crevettes crues dans leur carapace
- Le sel

les directions
a) Les crevettes doivent être d'une taille au nombre de 30 à 35 par livre.
b) Faire fondre le beurre et l'huile dans un plat allant au four anti-feu. Ajouter l'ail, les herbes, les poivrons, les feuilles de laurier, le paprika et le jus de citron et porter à ébullition. Baisser le feu et laisser mijoter 10 minutes en remuant fréquemment. Retirer le plat du feu et laisser les saveurs se marier au moins 30 minutes.

c) Cette sauce au beurre piquante peut être préparée la veille et réfrigérée. Préchauffez le four à 450 degrés F. Réchauffez la sauce, ajoutez les crevettes et faites cuire à feu moyen jusqu'à ce que les crevettes deviennent roses, puis faites cuire au four environ 30 minutes de plus. Goûter pour l'assaisonnement, ajouter du sel si nécessaire.
d) Épongez la sauce au beurre avec du pain croustillant après avoir mangé les crevettes.

34. Crevettes grillées à l'italienne

Ingrédients
- 2 livres de crevettes géantes
- 1/4 tasse d'huile d'olive
- 2 cuillères à soupe d'ail, haché
- 1/4 tasse de farine
- 1/4 tasse de beurre, fondu
- 4 cuillères à soupe de persil, haché
- 1 tasse de sauce au beurre fondue

les directions

a) Décortiquer les crevettes en laissant la queue. Sécher puis saupoudrer de farine. Incorporer l'huile et le beurre dans un plat de cuisson plat; ajouter les crevettes. Griller à feu moyen pendant 8 minutes. Ajouter l'ail et le persil à la sauce au beurre tiré. Verser sur les crevettes.

b) Remuer jusqu'à ce que les crevettes soient enrobées. Faire griller 2 minutes de plus.

35. Crevettes jerk avec riz jamaïcain sucré

Ingrédients
- 1 livre de crevettes moyennes (51 à 60), crues, décortiquées avec assaisonnement Jerk
- 2 tasses de riz cuit chaud
- 1 boîte (11 onces) de mandarines, égouttées et hachées
- 1 (8 onces) boîte d'ananas écrasé, égoutté
- 1/2 tasse de poivron rouge haché
- 1/4 tasse d'amandes effilées, grillées
- 1/2 tasse d'oignons verts tranchés
- 2 cuillères à soupe de noix de coco râpée, grillée
- 1/4 cuillère à café de gingembre moulu

les directions
a) Préparez la marinade jerk selon les instructions sur l'emballage au dos de l'assaisonnement jerk.
b) Décortiquer et déveiner les crevettes en laissant la queue. Placer dans la marinade pendant la préparation du riz.
c) Dans une grande poêle, combiner tous les ingrédients restants. Cuire à feu moyen-vif, en remuant constamment pendant 5 minutes ou jusqu'à ce que le tout soit bien chaud. Retirer les crevettes de la marinade. Placer dans la lèchefrite en une seule couche. Griller 5 à 6 pouces de chaleur pendant 2 minutes.
d) Bien mélanger et faire griller 2 minutes supplémentaires ou jusqu'à ce que les crevettes soient juste roses.

e) Servir avec du riz.

36. Crevettes Grillées Citron-Ail

Ingrédients

- 2 livres de crevettes moyennes, décortiquées et déveinées
- 2 gousses d'ail, coupées en deux
- 1/4 tasse de beurre ou de margarine, fondu
- 1/2 cuillère à café de sel
- Poivre moulu grossier
- 3 gouttes de sauce piquante
- 1 cuillère à soupe de sauce Worcestershire
- 5 cuillères à soupe de persil frais haché

les directions

a) Placer les crevettes en une seule couche dans un moule à gâteau roulé de 15 x 10 x 1 po; mettre de côté.

b) Faire sauter l'ail dans le beurre jusqu'à ce qu'il soit doré; retirer et jeter l'ail. Ajouter le reste des ingrédients, sauf le persil, en remuant bien. Verser le mélange sur les crevettes. Faire griller les crevettes à 4 pouces du feu pendant 8 à 10 minutes, en arrosant une fois. Saupoudrer de persil.

Donne 6 portions.

37. Crevettes Poivre Citron Vert

Ingrédients

- 1 livre de grosses crevettes, décortiquées et déveinées
- 1 cuillère à soupe d'huile d'olive
- 1 cuillère à soupe de romarin frais haché
- 1 cuillère à soupe de thym frais haché
- 2 cuillères à café d'ail haché
- 1 cuillère à café de poivre noir grossièrement moulu
- Pincée de piment rouge moulu
- Jus d'un citron vert

les directions

a) Dans un bol moyen, mélanger les crevettes, l'huile, les herbes et les poivrons. Bien mélanger pour enrober les crevettes. Laisser reposer à température ambiante pendant 20 minutes.

b) Faire chauffer une grande poêle antiadhésive à feu moyen-élevé pendant 3 minutes. Ajouter les crevettes en une seule couche. Cuire 3 minutes de chaque côté, ou jusqu'à ce que les crevettes soient roses et juste cuites. Ne pas trop cuire. Retirer du feu et incorporer le jus de lime.

38. Esplanade aux crevettes de la Louisiane

Ingrédients
- 24 grosses crevettes fraîches
- 12 onces de beurre
- 1 cuillère à soupe d'ail en purée
- 2 cuillères à soupe de sauce Worcestershire
- 1 cuillère à café de thym séché
- 1 cuillère à café de romarin séché
- 1/2 cuillère à café d'origan séché
- 1/2 cuillère à café de piment rouge broyé
- 1 cuillère à café de poivre de Cayenne
- 1 cuillère à café de poivre noir
- 8 onces de bière
- 4 tasses de riz blanc cuit
- 1/2 tasse d'oignons verts hachés finement

les directions
a) Lavez les crevettes et laissez-les dans la carapace. Faire fondre le beurre dans une grande poêle à frire et incorporer l'ail, la sauce Worcestershire et les assaisonnements.
b) Ajouter les crevettes et secouer la poêle pour immerger les crevettes dans le beurre, puis faire revenir à feu moyen-élevé pendant 4 à 5 minutes jusqu'à ce qu'elles deviennent roses.
c) Ensuite, versez la bière et remuez encore une minute, puis retirez du feu. Décortiquez et déveinez les crevettes et disposez-les sur un lit de riz. Verser le jus de cuisson dessus et garnir d'oignons verts hachés.
d) Sers immédiatement.

39. Malibu Sauté De Crevettes

Ingrédients
- 1 cuillère à soupe d'huile d'arachide
- 1 cuillère à soupe de beurre
- 1 cuillère à soupe d'ail haché
- 1 livre de crevettes moyennes, décortiquées et déveinées
- 1 tasse de champignons tranchés
- 1 botte d'oignons verts, tranchés
- 1 poivron rouge, épépiné, coupé en fines lanières de 2"
- 1 tasse de petits pois frais ou surgelés
- 1 tasse de rhum Malibu
- 1 tasse de crème épaisse
- 1/4 tasse de basilic frais haché
- 2 cuillères à café de pâte de piment moulu
- Jus de 1/2 citron vert
- Poivre noir fraîchement moulu
- 1/2 tasse de noix de coco râpée
- 1 livre de fettuccini, cuits

les directions

a) Chauffer l'huile et le beurre à feu vif dans une grande poêle. Ajouter l'ail pendant 1 minute. Ajouter les crevettes, cuire 2 minutes jusqu'à ce qu'elles soient roses. Ajouter les légumes et faire revenir 2 minutes.

b) Ajouter le rhum et laisser mijoter 2 minutes. Ajouter la crème et laisser mijoter 5 minutes. Ajouter les assaisonnements restants.

Mélanger avec la noix de coco et les pâtes cuites.

40. Crevettes au four

Ingrédients

- 4 livres de grosses crevettes fraîches non décortiquées ou 6 livres de crevettes avec tête
- 1/2 tasse de beurre
- 1/2 tasse d'huile d'olive
- 1/4 tasse de sauce chili
- 1/4 tasse de sauce Worcestershire
- 2 citrons, tranchés
- 4 gousses d'ail, hachées
- 2 cuillères à soupe d'assaisonnement créole
- 2 cuillères à soupe de jus de citron
- 1 cuillère à soupe de persil haché
- 1 cuillère à café de paprika
- 1 cuillère à café d'origan
- 1 cuillère à café de piment rouge moulu
- 1/2 cuillère à café de sauce piquante
- pain français

les directions

a) Étendre les crevettes dans une lèchefrite peu profonde tapissée de papier d'aluminium.

b) Mélanger le beurre et les 12 ingrédients suivants dans une casserole à feu doux, en remuant jusqu'à ce que le beurre fonde, et verser sur les crevettes. Couvrir et réfrigérer 2 heures en retournant les crevettes toutes les 30 minutes.

c) Cuire au four, à découvert, à 400 degrés F pendant 20 minutes; tourner une fois.

d) Servir avec du pain, de la salade verte et des épis de maïs pour un repas complet.

41. Salade de crevettes vraiment cool

Ingrédients
- 2 livres. Crevettes moyennes
- 1 tasse de fouet Miracle
- 1/2 tasse d'oignons verts
- 1 Poivron Vert
- 1 petite tête de laitue
- 1 tomate moyenne
- 1/2 tasse de fromage mozzarella

les directions

a) Décortiquez, déveinez et faites bouillir les crevettes. Hacher la laitue, le poivron, la tomate, les oignons verts et les crevettes, et mélanger dans un bol... Râper le fromage mozzarella et l'ajouter à la salade.

b) Ajouter le miracle whip et bien mélanger.

42. M-80 Crevette de roche

Sauce M-80

- 1 cuillère à soupe de fécule de maïs
- 1 tasse d'eau
- 1 tasse de sauce soja
- 1 tasse de cassonade claire
- 1 cuillère à soupe de pâte de piment sambal
- tasse de jus d'orange fraîchement pressé 1 piment serrano, finement haché
- gousses d'ail finement hachées (environ 1 cuillère à soupe)
- Un morceau de gingembre frais de deux pouces, gratté/épluché et haché finement

salade de chou

- chou vert pommé, tranché finement (environ $1\frac{1}{2}$ tasse)
- chou rouge pommé, tranché finement (environ $1\frac{1}{2}$ tasse)
- carotte moyenne, tranchée finement en morceaux de 2 pouces
- poivron rouge moyen, tranché finement
- oignon rouge moyen, tranché finement
- 1 gousse d'ail, tranchée finement
- 1 piment Serrano, tranché finement
- feuilles de basilic, tranchées finement

Crevette

- Huile végétale
- 2 livres de crevettes de roche (ou substituer 16 à 20 crevettes coupées en petits cubes) 1 tasse de babeurre
- 3 tasses de farine tout usage
- Graines de sésame noires et blanches
- 1 cuillère à soupe d'oignons verts, tranchés finement
- Feuilles de coriandre

les directions

a) Préparer la sauce M-80 : Dans un petit bol, fouetter ensemble la fécule de maïs et l'eau. Mettre de côté.

b) Dans une petite casserole, fouetter ensemble la sauce soja, la cassonade, la pâte de piment, le jus d'orange, le piment, l'ail et le gingembre et porter la sauce à ébullition. Baisser le feu et laisser mijoter 15 minutes. Incorporer le mélange fécule de maïs-eau et porter à nouveau la sauce à ébullition.

c) Préparez la salade de chou : dans un bol moyen, mélangez le chou vert et le chou rouge, la carotte, le poivron rouge, l'oignon, l'ail, le piment et le basilic. Mettre de côté.

d) Préparez les crevettes : dans une casserole moyenne à feu vif, ajoutez suffisamment d'huile pour arriver à mi-hauteur de la casserole ; chauffer jusqu'à ce que l'huile atteigne 350° (utiliser un thermomètre pour mesurer la température). Mettez les crevettes de roche dans un grand bol et versez le babeurre dessus.

e) Utilisez une écumoire pour retirer les crevettes, égouttez l'excédent de babeurre et, dans un autre bol, mélangez les crevettes avec la farine. Faire frire les crevettes pendant 1 à $1\frac{1}{2}$ minutes.

43. Toast de la ville

Ingrédients

- Douze crevettes de 16 à 20 unités, déveinées et décortiquées
- Sel et poivre noir fraîchement moulu
- 2 avocats
- 2 cuillères à soupe de jus de citron vert (environ 1 citron vert moyen), divisé
- 2 cuillères à soupe de coriandre finement hachée
- 2 cuillères à café de jalapeño finement haché (environ 1 jalapeño moyen)
- 1 pamplemousse
- 1 petite baguette, coupée en tranches de $\frac{1}{4}$ de pouce Huile d'olive extra vierge
- Sel et poivre noir fraîchement moulu $\frac{1}{4}$ tasse de pistaches grillées et hachées

les directions

a) Placer les crevettes dans une petite assiette et assaisonner de sel et de poivre. Couper les avocats dans le sens de la longueur autour des noyaux et retirer les noyaux. Couper la chair d'avocat en hachures et utiliser une cuillère pour ramasser la chair d'avocat dans un bol moyen. Mélanger l'avocat avec $1\frac{1}{2}$ cuillères à soupe de jus de citron vert et la coriandre et le jalapeño.

b) À l'aide d'un couteau, retirez la peau et la moelle de la chair du pamplemousse et tranchez le long des membranes pour retirer les segments. Mettre de côté.
c) Badigeonner les tranches de baguette d'huile d'olive et assaisonner de sel et de poivre. Placez les tranches de baguette dans le grille-pain et faites-les griller jusqu'à ce qu'elles soient dorées.
d) Dans une poêle moyenne à feu moyen, chauffer $1\frac{1}{2}$ cuillère à soupe d'huile d'olive et ajouter les crevettes. Cuire pendant une minute d'un côté, puis retourner et cuire 30 secondes supplémentaires de l'autre côté. Transférer les crevettes dans un bol et mélanger avec la $\frac{1}{2}$ cuillère à soupe restante de jus de citron vert.
e) Pour assembler : Étendre 2 cuillères à soupe de mélange d'avocat sur chaque tranche de baguette. Garnir d'un ou deux morceaux de crevettes et d'un segment de pamplemousse. Saupoudrer de pistaches sur le dessus et servir immédiatement.

44. Crevettes à la Plancha sur Allioli au Safran

Rendement : Pour 4 personnes

Ingrédients
Aïoli
- Grosse pincée de safran
- 2 gros jaunes d'œufs
- 1 gousse d'ail, hachée finement
- 2 cuillères à café de sel casher
- 3 tasses d'huile d'olive extra vierge, de préférence espagnole
- 2 cuillères à café de jus de citron, plus si nécessaire

Crevette
- Quatre tranches de pain de campagne de ½ pouce d'épaisseur
- 2 cuillères à soupe d'huile d'olive extra vierge
- 1½ livre de crevettes géantes décortiquées 16/20
- Sel casher
- 2 citrons, coupés en deux
- 3 gousses d'ail, hachées finement
- 1 cuillère à café de poivre noir fraîchement moulu
- 2 tasses de xérès sec
- 3 cuillères à soupe de persil plat haché grossièrement

les directions

a) Faire l'aïoli : Dans une petite poêle à feu moyen, faire griller le safran jusqu'à ce qu'il soit cassant, 15 à 30 secondes. Démoulez-le sur une petite assiette et utilisez le dos d'une cuillère pour l'écraser. Dans un bol moyen, ajouter le safran, les jaunes d'œufs, l'ail et le sel et fouetter vigoureusement jusqu'à ce que le tout soit bien mélangé. Commencez à ajouter l'huile d'olive quelques gouttes à la fois, en fouettant soigneusement entre les ajouts, jusqu'à ce que l'aïoli commence à épaissir, puis versez l'huile restante dans le mélange en un jet très lent et régulier, en fouettant l'aïoli jusqu'à ce qu'il soit épais et crémeux.
b) Ajouter le jus de citron, goûter et ajuster avec plus de jus de citron et de sel au besoin. Transférer dans un petit bol, couvrir d'une pellicule plastique et réfrigérer.
c) Préparez les toasts : ajustez une grille du four à la position la plus élevée et le gril à la position la plus élevée. Placer les tranches de pain sur une plaque à pâtisserie à rebords et badigeonner les deux côtés du pain avec 1 cuillère à soupe d'huile. Faire griller le pain jusqu'à ce qu'il soit doré, environ 45 secondes. Retournez le pain et faites griller l'autre côté (surveillez attentivement le gril, car l'intensité du gril varie), 30 à 45 secondes de plus. Sortir le pain du four et déposer chaque tranche sur une assiette.

d) Dans un grand bol, déposer les crevettes. Utilisez un couteau à éplucher pour faire une incision peu profonde sur le dos incurvé de la crevette, en enlevant la veine et en laissant la carapace intacte. Chauffer une grande poêle à fond épais à feu moyen-vif jusqu'à ce qu'elle fume presque, 1 $\frac{1}{2}$ à 2 minutes. Ajouter la cuillère à soupe d'huile restante et les crevettes. Saupoudrer une bonne pincée de sel et le jus d'un demi-citron sur les crevettes et cuire jusqu'à ce que les crevettes commencent à s'enrouler et que les bords de la carapace brunissent, 2 à 3 minutes.

e) Utilisez des pinces pour retourner les crevettes, saupoudrez de plus de sel et du jus d'une autre moitié de citron et faites cuire jusqu'à ce que les crevettes soient rose vif, environ 1 minute de plus.

f) Faire un puits au centre de la casserole et incorporer l'ail et le poivre noir; une fois que l'ail est parfumé, après environ 30 secondes, ajouter le sherry, porter à ébullition et incorporer le mélange ail-sherry dans les crevettes. Cuire, en remuant et en raclant les morceaux bruns du fond de la casserole dans la sauce. Éteignez le feu et pressez le jus d'un autre demi-citron. Coupez le demi-citron restant en quartiers.

g) Tartiner le dessus de chaque tranche de pain d'une généreuse cuillerée d'aïoli au safran.

Répartir les crevettes dans les assiettes et verser un peu de sauce sur chaque portion. Saupoudrez de persil et servez avec les quartiers de citron.

45. Curry de crevettes à la moutarde

Ingrédients:

- 1 lb de crevettes
- 2 cuillères à soupe d'huile
- 1 cuillères à café de curcuma
- 2 cuillères à soupe de moutarde en poudre
- 1 cuillères à café de sel
- 8 piments verts

les directions

a) Faire une pâte de moutarde dans une quantité égale d'eau. Faites chauffer l'huile dans une poêle antiadhésive et faites revenir la pâte de moutarde et les crevettes pendant au moins cinq minutes, puis ajoutez 2 tasses d'eau tiède.

b) Porter à ébullition et ajouter le curcuma et le sel et les piments verts. Cuire à feu moyen-doux pendant encore vingt-cinq minutes.

46. Curry de crevettes

Ingrédients:

- 1 lb de crevettes décortiquées et déveinées
- 1 oignon, en purée
- 1 cuillères à café de pâte de gingembre
- 1 cuillères à café de pâte d'ail
- 1 tomate, en purée
- 1 cuillères à café de poudre de curcuma
- 1 cuillères à café de piment en poudre
- 1 cuillères à café de cumin en poudre
- 1 cuillères à café de poudre de coriandre
- 1 cuillères à café de sel ou au goût
- 1 cuillères à café de jus de citron
- Feuilles de coriandre/coriandre
- 1 cuillères à soupe d'huile

les directions

a) Chauffer l'huile dans une poêle antiadhésive et faire revenir l'oignon, la tomate, le gingembre et l'ail, ainsi que les poudres de cumin et de coriandre et les feuilles de coriandre/coriandre pendant cinq minutes à feu moyen-doux.

b) Ajouter les crevettes, le curcuma et les poudres de piment et le sel avec une demitasse d'eau tiède et cuire à feu moyen-doux pendant vingt-cinq minutes. Gardez la casserole couverte d'un couvercle. Bien mélanger pour que les crevettes se mélangent aux épices. Assaisonner de jus de citron, garnir de coriandre/coriandre avant de servir.

47. Crevettes à la sauce à l'ail

Ingrédients
- 12 gousses d'ail, hachées grossièrement
- 1 tasse d'huile végétale
- 1/4 tasse (1/2 bâton) de beurre non salé
- 1 1/2 livre de crevettes fraîches, décortiquées, déveinées et en papillon (laisser les queues intactes)

les directions

a) Dans une grande poêle, faire revenir l'ail dans de l'huile moyennement chaude (environ 300 degrés F) jusqu'à ce qu'il soit brun clair. Bien surveiller pour ne pas brûler. Après environ 6 à 8 minutes, incorporer rapidement le beurre et retirer immédiatement du feu. Lorsque tout le beurre a été ajouté, les morceaux deviennent croustillants. Retirez-les à l'aide d'une écumoire et réservez l'huile et le beurre pour faire sauter les crevettes.

b) Dans une grande poêle, faire chauffer environ 2 à 3 cuillères à soupe de l'huile réservée puis faire sauter les crevettes environ 5 minutes. Retourner très brièvement puis retirer. Ajouter plus d'huile si nécessaire pour faire sauter toutes les crevettes. Saler au goût. Garnir de morceaux d'ail et de persil. Servir avec du riz mexicain.

c) Essayez de badigeonner d'huile d'ail sur du pain français, puis saupoudrez-le de persil et faites-le griller.

d) Servir avec les crevettes et accompagner le plat d'une salade de laitue et de tomates.

48. Crevettes à la crème de moutarde

Ingrédients

- 1 livre de grosses crevettes
- 2 cuillères à soupe d'huile végétale
- 1 échalote, hachée
- 3 cuillères à soupe de vin blanc sec
- 1/2 tasse de crème épaisse ou de crème fouettée
- 1 cuillère à soupe de moutarde de Dijon avec graines
- Sel, au goût

les directions

a) Décortiquer et déveiner les crevettes. Dans une poêle de 10 pouces à feu moyen, cuire l'échalote dans l'huile chaude pendant 5 minutes, en remuant souvent. Augmenter le feu à moyen-vif. Ajouter les crevettes. Cuire 5 minutes ou jusqu'à ce que les crevettes deviennent roses, en remuant souvent. Retirer les crevettes dans un bol. Ajouter le vin au jus de cuisson dans la poêle.

b) Cuire à feu moyen pendant 2 minutes. Ajouter la crème et la moutarde. Cuire 2 minutes. Remettre les crevettes dans la poêle. Remuer jusqu'à ce que le tout soit bien chaud. Saler au goût.

c) Servir sur du riz chaud et cuit.

d) Pour 4 personnes.

49. Gaspacho

Ingrédients

- 2 gousses d'ail
- 1/2 oignon rouge
- 5 tomates Roma
- 2 branches de céleri
- 1 gros concombre
- 1 courgette
- 1/4 tasse d'huile d'olive extra vierge
- 2 cuillères à soupe de vinaigre de vin rouge
- 2 cuillères à soupe de sucre Plusieurs traits de sauce piquante Un trait de sel
- Pincée de poivre noir
- 4 tasses de jus de tomate de bonne qualité
- 1 livre de crevettes, décortiquées et déveinées Tranches d'avocat, pour servir
- 2 œufs durs, hachés finement Feuilles de coriandre fraîche, pour servir Pain croustillant, pour servir

les directions
a) Émincer l'ail, couper l'oignon en tranches et couper en dés les tomates, le céleri, le concombre et la courgette. Jetez tout l'ail, tout l'oignon, la moitié des légumes coupés en dés restants et l'huile dans le bol d'un robot

culinaire ou, si vous le souhaitez, d'un mélangeur.

b) Verser le vinaigre et ajouter le sucre, la sauce piquante, le sel et le poivre. Versez enfin 2 tasses de jus de tomate et mélangez bien. Vous aurez en gros une base de tomate avec un beau confetti de légumes.

c) Verser le mélange mixé dans un grand bol et ajouter l'autre moitié des légumes coupés en dés. Mélangez le tout. Incorporer ensuite les 2 tasses de jus de tomate restantes. Goûtez-y et assurez-vous que l'assaisonnement est bon. Ajustez au besoin. Réfrigérer une heure si possible.

d) Griller ou sauter les crevettes jusqu'à ce qu'elles soient opaques. Mettre de côté. Verser la soupe dans des bols, ajouter les crevettes grillées et garnir de tranches d'avocat, d'œuf et de feuilles de coriandre. Servir avec du pain croûté sur le côté.

50. Crevette Linguine Alfredo

Ingrédients
- 1 paquet (12 onces) de pâtes linguine
- 1/4 tasse de beurre, fondu
- 4 cuillères à soupe d'oignon coupé en dés
- 4 cuillères à café d'ail haché
- 40 petites crevettes décortiquées et déveinées
- 1 tasse moitié-moitié
- 2 cuillères à café de poivre noir moulu
- 6 cuillères à soupe de parmesan râpé
- 4 brins de persil frais
- 4 tranches de citron, pour la garniture

les directions

a) Cuire les pâtes dans une grande casserole d'eau bouillante jusqu'à ce qu'elles soient al dente; drainer. Pendant ce temps, faire fondre le beurre dans une grande casserole. Faire revenir l'oignon et l'ail à feu moyen jusqu'à ce qu'ils soient tendres. Ajouter les crevettes; faire sauter à feu vif pendant 1 minute en remuant constamment. Incorporer moitié-moitié.

b) Cuire, en remuant constamment, jusqu'à ce que la sauce épaississe. Placer les pâtes dans un plat de service et napper de sauce aux crevettes. Saupoudrer de poivre noir et de parmesan.

c) Garnir de persil et de tranches de citron.

51. Marinara aux crevettes

Ingrédients

- 1 boîte (16 oz) de tomates, coupées en morceaux
- 2 cuillères à soupe de persil haché
- 1 gousse d'ail, hachée
- 1/2 cuillères à café de basilic séché
- 1 cuillères à café de sel
- 1/4 cuillères à café de poivre
- 1 cuillères à café d'origan séché
- 1 boîte (6 oz) de pâte de tomate
- 1/2 cuillères à café de sel assaisonné
- 1 lb de crevettes décortiquées cuites
- Parmesan râpé
- Spaghettis cuits

les directions

a) Dans une mijoteuse, mélanger les tomates avec le persil, l'ail, le basilic, le sel, le poivre, l'origan, la pâte de tomate et le sel assaisonné. Couvrir et cuire à feu doux pendant 6 à 7 heures.

b) Tournez le contrôle à high, incorporez les crevettes, couvrez et faites cuire à high pendant 10 à 15 minutes de plus. Servir sur des spaghettis cuits.

c) Garnir de parmesan.

52. crevette de Newburg

Ingrédients

- Crevettes de 1 livre, cuites, déveinées
- 4 onces de champignons en boîte
- 3 œufs durs, écalés et hachés
- 1/2 tasse de parmesan
- 4 cuillères à soupe de beurre
- 1/2 oignon, haché
- 1 gousse d'ail, hachée
- 6 cuillères à soupe de farine
- 3 tasses de lait
- 4 cuillères à soupe de xérès sec
- sauce Worcestershire
- Sel et poivre
- sauce Tabasco

les directions

a) Préchauffer le four à 375 degrés F.
b) Faire fondre le beurre puis faire revenir l'oignon et l'ail jusqu'à ce qu'ils soient tendres. Ajouter la farine. Bien mélanger. Ajouter le lait petit à petit en remuant constamment. Cuire jusqu'à ce que la sauce épaississe. Ajouter le xérès et les assaisonnements au goût.
c) Dans un autre bol, mélanger les crevettes, les champignons, les œufs et le persil. Ajouter la sauce avec 1/4 tasse de fromage au mélange de crevettes. Bien mélanger.
d) Verser le mélange dans une casserole de 2 pintes et garnir du reste du fromage. Parsemer de beurre.

e) Cuire 10 minutes, jusqu'à ce qu'ils soient légèrement dorés sur le dessus.

53. Crevettes marinées épicées

Ingrédients
- 2 livres. Grosses crevettes décortiquées et déveinées
- 1 cuillère à café de sel
- 1 citron, coupé en deux
- 8 tasses d'eau
- 1 tasse de vinaigre de vin blanc ou de vinaigre d'estragon
- 1 tasse d'huile d'olive
- 1-2 piments Serrano (plus ou moins, selon le goût), graines et veines enlevées, finement hachées
- ¼ tasse de coriandre fraîche, hachée
- 2 grosses gousses d'ail, hachées ou passées au presse-ail
- 2 cuillères à café de coriandre fraîche, hachée (si désiré)
- 3 oignons verts (partie blanche seulement), émincés
- Poivre noir fraîchement moulu, au goût

les directions

a) Mélanger l'eau, le sel et les moitiés de citron dans un faitout et porter à ébullition. Ajouter les crevettes, remuer et faire bouillir doucement pendant 4 à 5 minutes. Retirer du feu et égoutter.

b) Mélangez le vinaigre, l'huile d'olive, les piments, la coriandre et l'ail dans un grand sac en plastique à fermeture éclair ou un autre récipient en plastique. Ajouter les crevettes bouillies et réfrigérer pendant 12 heures ou toute la nuit en retournant plusieurs fois.

c) Pour servir, égoutter le liquide des crevettes. Dans un grand bol, combiner les crevettes réfrigérées avec de la coriandre supplémentaire, des oignons verts et du poivre noir, et bien mélanger. Disposez dans un plat de service et servez immédiatement.

54. Crevettes épicées de Singapour

Ingrédients
- 2 livres de grosses crevettes
- 2 cuillères à soupe de ketchup
- 3 cuillères à soupe de Sriracha
- 2 cuillères à soupe de jus de citron
- 2 cuillères à soupe de sauce soja
- 1 cuillère à soupe de sucre
- 2 jalapeños moyens, épépinés et émincés
- bulbe blanc de 1 tige de citronnelle, hachée
- 1 cuillère à soupe de gingembre frais, haché
- 4 oignons verts, tranchés finement
- 1/4 tasse de coriandre, hachée

les directions
a) Mélanger le ketchup, le vinaigre (le cas échéant), la sauce chili, le jus de citron, la sauce soja et le sucre.

b) Dans une grande poêle, faites chauffer un peu d'huile végétale et faites cuire les crevettes à feu vif. Quand ils commencent à devenir roses, retournez-les.

c) Ajouter un peu plus d'huile et le jalapeño, l'ail, la citronnelle et le gingembre. Remuez souvent jusqu'à ce que le mélange soit chaud. Attention : ça va sentir délicieusement bon. Essayez de ne pas perdre votre concentration.

d) Faire sauter les oignons verts et le mélange de ketchup dans la poêle pendant 30 secondes, puis incorporer la coriandre hachée. Servir les crevettes avec du riz.

55. Crevette étoilée

Ingrédients

- 6 tasses d'eau
- 2 cuillères à soupe de sel
- 1 citron, coupé en deux
- 1 branche de céleri, coupée en morceaux de 3 pouces
- 2 feuilles de laurier
- Une pincée de poivre de Cayenne
- 1/4 tasse de persil, haché
- 1 paquet d'ébullition d'écrevisses/crabe/crevettes
- 2 livres. crevettes non décortiquées fraîchement pêchées à la traîne dans la baie de Mobile
- 1 pot de sauce cocktail

les directions
a) Découpez les têtes de crevettes.
b) Mélanger les 8 premiers ingrédients dans une grande marmite ou un faitout. Faire bouillir. Ajouter les crevettes en carapace et cuire environ 5 minutes jusqu'à ce qu'elles deviennent roses. Bien égoutter à l'eau froide et réfrigérer.
c) Décortiquez et déveinez les crevettes, puis conservez-les dans une glacière réfrigérée.

POULPE

56. Poulpe au vin rouge

Ingrédients

- 1 kg (2,25 lb) de jeunes poulpes
- 8 cuillères à soupe d'huile d'olive
- 350 g (12 oz) de petits oignons ou d'échalotes 150 ml (0,25 pinte) de vin rouge 6 cuillères à soupe de vinaigre de vin rouge
- 225 g (8 oz) de tomates en conserve, hachées grossièrement 2 cuillères à soupe de purée de tomates
- 4 feuilles de laurier
- 2 cuillères à café d'origan séché
- poivre noir
- 2 cuillères à soupe de persil haché

les directions

a) Nettoyez d'abord la pieuvre. Retirez les tentacules, retirez et jetez les intestins et la poche d'encre, les yeux et le bec. Pelez la pieuvre, lavez-la et frottez-la soigneusement pour éliminer toute trace de sable. Coupez-le en morceaux de 4-5 cm (1,5-2 pouces) et mettez-le dans une casserole à feu moyen pour libérer le liquide. Remuez le poulpe jusqu'à ce que ce liquide se soit évaporé. Verser l'huile et remuer le poulpe pour le sceller de tous les côtés. Ajoutez les oignons entiers et faites-les cuire en remuant une ou deux fois, jusqu'à ce qu'ils colorent légèrement.

b) Ajouter le vin, le vinaigre, les tomates, le concentré de tomates, les feuilles de laurier, l'origan et quelques grains de poivre. Bien mélanger, couvrir la casserole et laisser mijoter très doucement pendant 1h-1h25 en vérifiant de temps en temps que la sauce n'a pas séché. Si c'est le cas - et cela ne se produirait que si la chaleur était trop élevée - ajoutez un peu plus de vin ou d'eau. Le poulpe est cuit lorsqu'il peut être facilement percé avec une brochette.

c) La sauce doit être épaisse, comme une pâte qui coule. Si du liquide se sépare, retirez le couvercle de la casserole, augmentez légèrement le feu et remuez jusqu'à ce qu'une partie du liquide s'évapore et que la sauce épaississe. Jeter les feuilles de laurier et incorporer le persil. Goûter la sauce et rectifier l'assaisonnement si nécessaire. Servir, si vous le souhaitez, avec du riz et une salade. Un incontournable grec est le pain de campagne pour éponger la sauce.

POUR 4 À 6 PERSONNES

57. Poulpe mariné

Ingrédients

- 1 kg (2,25 lb) de jeunes poulpes
- environ 150 ml (0,25 pinte) d'huile d'olive
- environ 150 ml (0,25 pinte) de vinaigre de vin rouge 4 gousses d'ail
- sel et poivre noir 4 à 6 tiges de thym ou 1 cuillère à café de quartiers de citron et de thym séché, pour servir

les directions

a) Préparez et lavez le poulpe (comme dans Octopus in Red Wine). Placez la tête et les tentacules dans une casserole avec 6 à 8 cuillères à soupe d'eau, couvrez et laissez mijoter pendant 1 à 1,25 heure jusqu'à ce qu'elle soit tendre. Testez-le avec une brochette. Égoutter tout liquide restant et laisser refroidir.

b) Couper la chair en lanières de 12 mm (0,5 pouce) et les emballer sans serrer dans un bocal à vis. Mélangez suffisamment d'huile et de vinaigre pour remplir le bocal - la quantité exacte dépendra des volumes relatifs des fruits de mer et du récipient - ajoutez l'ail et assaisonnez avec du sel et du poivre. Si vous utilisez du thym séché, mélangez-le avec le liquide à ce stade. Versez-le sur la pieuvre en vous assurant que chaque dernier morceau est complètement immergé. Si vous utilisez des tiges de thym, poussez-les dans le bocal.

c) Couvrez le bocal et mettez-le de côté pendant au moins 4-5 jours avant de l'utiliser.

d) Pour servir, égouttez le poulpe et servez-le dans de petites assiettes ou soucoupes individuelles avec les quartiers de citron.

e) Des cubes de pain vieux d'au moins un jour, transpercés sur des bâtonnets à cocktail, sont l'accompagnement habituel.

POUR 8 PERSONNES

58. Poulpe Cuit Au Vin

Ingrédients
- 1 3/4 lb de poulpe (décongelé)
- 4 cuillères à soupe. huile d'olive
- 2 gros oignons tranchés
- sel et poivre
- 1 feuille de laurier
- 1/4 tasse de vin blanc sec

les directions

a) Retirez la section de tête de la pieuvre. Nettoyer. Laver les bras.

b) Couper le poulpe en gros morceaux.

c) Cuire dans l'huile d'olive à feu moyen environ 10 minutes en retournant régulièrement.

d) Ajouter les oignons, l'assaisonnement et le vin. Couvrir et laisser mijoter doucement jusqu'à ce que le poulpe soit tendre, environ 15 minutes.

Pour 4 personnes

59. Petit poulpe grillé à la sicilienne

DONNE 4 PORTIONS

Ingrédients

- 2½ livres de bébé poulpe nettoyé et congelé
- 2 tasses de vin rouge corsé, tel que
- Pinot Noir ou Cabernet Sauvignon
- 1 petit oignon, tranché
- 1 cuillère à café de grains de poivre noir
- cuillère à café de clous de girofle entiers
- 1 feuille de laurier
- 1 tasse de marinade sicilienne aux agrumes
- ¾ tasse d'olives vertes siciliennes ou Cerignola dénoyautées et hachées grossièrement
- 3 onces de jeunes feuilles de roquette
- 1 cuillère à soupe de menthe fraîche hachée
- Gros sel de mer et poivre noir fraîchement moulu

les directions

a) Rincez le poulpe, puis mettez-le dans une marmite avec le vin et assez d'eau pour couvrir. Ajouter l'oignon, les grains de poivre, les clous de girofle et la feuille de laurier. Porter à ébullition à feu vif, puis réduire le feu à moyen-doux, couvrir et laisser mijoter doucement jusqu'à ce que la pieuvre soit suffisamment tendre pour qu'un couteau puisse y pénétrer facilement, de 45 minutes à 1 heure. Égoutter le poulpe et jeter le liquide ou filtrer et réserver pour le bouillon de fruits de mer ou le risotto. Lorsque la pieuvre est suffisamment froide pour être manipulée, coupez les tentacules au niveau de la tête.

b) Combinez la pieuvre et la marinade dans un sac à fermeture éclair de 1 gallon. Pressez l'air, scellez le sac et réfrigérez pendant 2 à 3 heures. Allumez un gril pour une chaleur moyenne-élevée directe, environ $450\frac{1}{4}$F.

c) Retirer le poulpe de la marinade, éponger et laisser reposer à température ambiante pendant 20 minutes. Verser la marinade dans une casserole et porter à ébullition à feu moyen. Ajouter les olives et retirer du feu.

d) Badigeonnez la grille du gril et enduisez-la d'huile. Faites griller le poulpe directement sur le feu jusqu'à ce qu'il soit bien marqué, 3 à 4 minutes de chaque côté, en appuyant légèrement sur le poulpe pour obtenir une bonne saisie. Disposer la roquette sur un plat ou des assiettes et garnir de poulpe. Verser un peu de sauce chaude, y compris une bonne quantité d'olives, sur chaque portion. Saupoudrer de menthe, de sel et de poivre noir.

ESCALOPES

60. Pâté aux fruits de mer

Ingrédients

- 1/2 tasse de vin blanc sec
- 1 livre de pétoncles géants, coupés en deux s'ils sont très gros
- 1 grosse pomme de terre à cuire, pelée et coupée en dés de 1/2 pouce
- 3 cuillères à soupe de beurre, ramolli
- 1/2 tasse de pomme acidulée pelée et hachée
- 1 grosse carotte, hachée
- 1 côte de céleri, hachée
- 1 gros oignon, émincé
- 1 gousse d'ail, hachée
- 1 1/2 tasse de bouillon de poulet
- 1/4 tasse de crème épaisse
- 2 cuillères à soupe de farine tout usage
- 3/4 cuillère à café de sel
- 1/2 cuillère à café de poivre blanc fraîchement moulu Pincée de poivre de Cayenne
- 1 livre de crevettes moyennes, décortiquées et déveinées
- 1 tasse de grains de maïs
- 1 petit pot (3 1/2 onces) de lanières de piment
- 2 cuillères à soupe de persil haché
- Pâte feuilletée

les directions

a) Dans une casserole moyenne non réactive, porter le vin à ébullition à feu vif. Ajouter les pétoncles et cuire jusqu'à ce qu'ils soient juste opaques, environ 1 minute. Égoutter les pétoncles en réservant le liquide. Dans une autre casserole moyenne d'eau bouillante salée, cuire la pomme de terre jusqu'à ce qu'elle soit tendre, 6 à 8 minutes; égoutter et réserver.

b) Préchauffer le four à 425F. Dans une grande casserole, faites fondre 2 cuillères à soupe de beurre à feu moyen-vif. Ajouter la pomme, la carotte, le céleri et l'oignon et cuire jusqu'à ce que le mélange ramollisse et commence à dorer, environ 6 minutes. Ajouter l'ail et cuire 1 minute de plus. Versez le bouillon de poulet et augmentez le feu à vif. Faire bouillir jusqu'à ce que la majeure partie du liquide se soit évaporée, environ 5 minutes.

c) Transférer le mélange pomme-légumes dans un robot culinaire. Réduire en purée lisse. Remettre dans la casserole et incorporer le jus de pétoncles réservé et la crème épaisse.

d) Dans un petit bol, mélanger la farine dans la cuillère à soupe de beurre restante pour former une pâte. Portez la crème de Saint-Jacques à ébullition à feu moyen. Incorporer petit à petit la pâte au beurre. Porter à ébullition en fouettant jusqu'à

61. Pétoncles au four avec sauce à l'ail

Ingrédients

- 1 1/2 livres de pétoncles de baie, coupés en deux
- 3 gousses d'ail, écrasées
- 1/4 tasse (1/2 bâtonnet) de margarine, fondue
- 10 champignons blancs fermes, tranchés
- Légère pincée de sel d'oignon
- Pincée de poivre fraîchement râpé
- 1/3 tasse de chapelure assaisonnée
- 1 cuillère à café de persil frais haché finement

les directions

a) Essuyer les pétoncles avec du papier absorbant humide. Écraser les gousses d'ail et ajouter à la margarine; bien remuer pour mélanger. Garder au chaud. Verser un peu de la sauce à l'ail fondue au fond d'un plat allant au four; ajouter les champignons et assaisonner.

b) Déposer les pétoncles sur les champignons. Réserver 1 cuillère à soupe de sauce à l'ail et arroser le reste sur les pétoncles.

c) Saupoudrer de chapelure, de persil et de sauce à l'ail réservée. Cuire au four préchauffé à 375 degrés F jusqu'à ce que le dessus soit bien doré et bouillonnant.

62. Noix de Saint-Jacques à la provençale

Ingrédients
- 2 cuillères à café d'huile d'olive
- 1 livre de pétoncles géants
- 1/2 tasse d'oignon émincé, séparé en rondelles 1 gousse d'ail, émincée
- 1 tasse de tomates régulières ou italiennes coupées en dés
- 1/4 tasse d'olives mûres hachées
- 1 cuillère à soupe de basilic séché
- 1/4 cuillère à café de thym séché
- 1/8 cuillère à café de sel
- 1/8 cuillère à café de poivre fraîchement moulu

les directions

a) Chauffer l'huile d'olive dans une grande poêle antiadhésive à feu moyen-vif. Ajouter les pétoncles et faire sauter 4 minutes ou jusqu'à ce qu'ils soient cuits.

b) Retirer les pétoncles de la poêle avec une écumoire; réserver et réserver au chaud.

c) Ajouter les rondelles d'oignon et l'ail dans la poêle et faire sauter pendant 1 à 2 minutes. Ajouter la tomate et le reste des ingrédients et faire revenir 2 minutes ou jusqu'à tendreté.

Verser la sauce sur les pétoncles

63. Pétoncles au Beurre Blanc

Ingrédients

- 750g (1=lb.) pétoncles
- 1 tasse de vin blanc
- 90 g (3 oz) de pois mange-tout ou de haricots verts tranchés finement
- quelques ciboulette pour garnir
- sel et poivre fraîchement moulu
- un peu de jus de citron
- 1 cuillères à soupe d'oignon vert haché 125 g (4 oz)
- beurre coupé en morceaux

les directions

a) Retirez les éventuelles barbes des pétoncles puis lavez-les. Retirez délicatement les œufs et étendez-les sur des serviettes en papier pour les sécher. Assaisonnez avec du sel et du poivre.

b) Pocher les coquilles Saint-Jacques et les œufs dans le vin et le jus de citron pendant env. 2 minutes. Retirer et garder au chaud. Les pois mange-tout en fil plongent dans l'eau bouillante salée pendant 1 min., égouttez, faites de même avec les haricots si vous en utilisez.

c) Ajouter l'oignon vert au liquide de pochage et réduire à environ 1/2 tasse.

À feu doux, ajouter le beurre petit à petit en fouettant pour obtenir une sauce (la consistance d'une crème liquide).

d) Servir avec du pain croûté pour éponger la belle sauce.

ÉGLEFIN

64. Haddock au beurre aux fines herbes

Donne 4 portions

Ingrédients
Beurre aux fines herbes :

- 1 tasse (2 bâtonnets) de beurre non salé, ramolli
- ½ tasse de basilic légèrement tassé
- ½ tasse de persil légèrement tassé
- ½ échalote
- 1 petite gousse d'ail
- ½ cuillère à café de sel
- 1/8 cuillère à café de poivre

Oignons caramélisés:
- 1 cuillère à soupe de beurre
- 2 gros oignons, tranchés
- ½ cuillère à café de sel
- ¼ cuillère à café de poivre noir fraîchement moulu
- 2 cuillères à soupe de feuilles de thym frais ou 1 cuillère à café séchée
- 2 livres d'aiglefin
- 3 tomates, tranchées

les directions

a) Préparez le beurre aux fines herbes en mixant ensemble le beurre ramolli, le basilic, le persil, l'échalote, l'ail, le sel et le poivre.
b) Tourner le beurre sur un morceau de pellicule plastique et façonner le beurre en bûche. Enveloppez-le dans la pellicule plastique et réfrigérez ou congelez. Chauffer le beurre et l'huile dans une poêle moyenne à feu moyen-doux.
c) Ajouter les oignons et cuire jusqu'à ce qu'ils commencent à ramollir, en remuant de temps en temps, environ 15 minutes.
d) Ajouter le sel et le poivre; augmenter légèrement le feu et cuire jusqu'à ce qu'ils soient dorés, en remuant de temps en temps, de 30 à 35 minutes. Incorporer le thym.
e) Préchauffer le four à 375°. Huiler un moule de 9 x 13 pouces.
f) Répartir les oignons au fond de la poêle, puis déposer le haddock sur les oignons.
g) Couvrir le haddock avec les tranches de tomates.
h) Cuire jusqu'à ce que l'aiglefin soit encore un tout petit peu opaque au milieu (environ 20 minutes). Il continuera à cuire lorsque vous le retirerez du four.

i) Coupez le beurre aux fines herbes en médaillons de $\frac{1}{4}$ de pouce et placez-les sur les tomates et servez.

65. Aiglefin épicé cajun

Ingrédients
- 1 filet d'aiglefin
- Farine
- 1 cuillères à café d'épices cajun
- 75g d'ananas en dés
- 1 oignon de printemps
- 10g Oignon rouge
- 10g Poivron Rouge
- 10g d'huile d'olive

les directions

a) Pour la salsa, couper l'ananas en dés grossièrement en cubes de 1 cm, émincer finement l'oignon rouge, 1 oignon nouveau et le poivron rouge rôti et pelé. Ajouter l'huile et le vinaigre de vin rouge et laisser dans un bol couvert à température ambiante pendant 1 heure.

b) Mélanger la farine avec les épices cajun et enrober le filet de haddock assaisonné.

c) Poêler l'aiglefin et servir garni de salsa.

66. Chaudrée d'aiglefin, poireaux et pommes de terre

Ingrédients
- 1/4 Filet d'aiglefin
- 25g de poireau tranché
- 25g de pommes de terre en dés
- 15g d'oignons en dés
- 250ml Crème
- 100 ml de bouillon de poisson
- Persil haché

les directions

a) Poêler le poireau lavé et haché.

b) Lorsque le poireau a ramolli, ajouter la pomme de terre et l'oignon.

c) Une fois les légumes chauds, ajouter la crème et le bouillon et porter à ébullition. Baisser le feu et ajouter le haddock haché.

d) Laisser mijoter 10 minutes et ajouter le persil haché au moment de servir.

67. Haddock fumé et chutney de tomates

Ingrédients:

- 3 filets de haddock fumé de 175g
- 30 petits moules à tartelettes prêts à l'emploi

Rarebit

- 325 g de cheddar fort
- 75 ml de lait
- 1 jaune d'oeuf
- 1 oeuf entier
- 1/2 cuillère à soupe de moutarde en poudre
- 30g de farine ordinaire
- 1/2 cuillère à café de sauce Worcester, sauce Tabasco
- 25 g de chapelure blanche fraîche
- assaisonnement

Chutney de tomates

- 15 g de racine de gingembre
- 4 piments rouges
- 2 kg de tomates rouges
- 500 g de pommes, pelées et hachées
- 200g de raisins secs
- 400 g d'échalotes hachées grossièrement

- Le sel
- 450g de cassonade
- 570 ml de vinaigre de malt

les directions

a) Bien assaisonner le haddock et le mettre au four avec un peu d'huile d'olive et cuire environ 5 à 6 minutes.

b) Râpez le fromage et ajoutez-le à la casserole avec le lait et réchauffez doucement dans une casserole jusqu'à dissolution, retirez du feu et laissez refroidir.

c) Ajouter l'œuf entier et le jaune, la moutarde, la chapelure et une pincée de Worcester et de Tabasco, assaisonner et laisser refroidir.

d) Émiettez le haddock pour enlever les arêtes et placez le chutney dans le fond des tartelettes, recouvrez avec le poisson émietté. Préchauffer le gril à feu vif et garnir le haddock avec le rarebit et le placer sous le gril jusqu'à ce qu'il soit doré sur le dessus.

e) Retirer le haddock du gril et servir aussitôt.

SAUMON

68. Saumon au four magique

(Donne 1 portion)

Ingrédients

- 1 filet de saumon
- 2 cuillères à café de saumon magique
- Beurre non salé, fondu

les directions

a) Chauffer le four à 450 F.
b) Badigeonnez légèrement le dessus et les côtés du filet de saumon avec du beurre fondu. Badigeonnez légèrement une petite plaque à pâtisserie de beurre fondu.
c) Assaisonner le dessus et les côtés du filet de saumon avec le Salmon Magic. Si le filet est épais, utilisez un peu plus de Salmon Magic. Appuyez doucement sur l'assaisonnement.
d) Placez le filet sur la plaque de cuisson et faites cuire jusqu'à ce que le dessus soit doré et que le filet soit juste cuit. Afin

d'avoir du saumon rose moelleux, ne pas trop cuire. Sers immédiatement.

e) Temps de cuisson : 4 à 6 minutes.

69. Saumon à la grenade et au quinoa

Portions : 4 portions

Ingrédients

- 4 filets de saumon, sans peau
- ¾ tasse de jus de grenade, sans sucre (ou variété à faible teneur en sucre)
- ¼ tasse de jus d'orange, sans sucre
- 2 cuillères à soupe de marmelade/confiture d'orange
- 2 cuillères à soupe d'ail, haché
- Sel et poivre au goût
- 1 tasse de quinoa, cuit selon l'emballage
- Quelques brins de coriandre

Les directions:

a) Dans un bol moyen, mélanger le jus de grenade, le jus d'orange, la marmelade d'orange et l'ail. Assaisonnez de sel et de poivre et ajustez le goût selon vos préférences.

b) Préchauffer le four à 400F. Graisser le plat allant au four avec du beurre ramolli.

Placer le saumon sur la plaque de cuisson en laissant un espace de 1 pouce entre les filets.

c) Cuire le saumon pendant 8 à 10 minutes. Sortez ensuite délicatement le moule du four et versez-y le mélange de grenade. Assurez-vous que le dessus du saumon est uniformément enrobé du mélange. Remettez le saumon au four et faites cuire pendant 5 minutes de plus ou jusqu'à ce qu'il soit complètement cuit et que le mélange de grenade se soit transformé en un glaçage doré.

d) Pendant la cuisson du saumon, préparer le quinoa. Faire bouillir 2 tasses d'eau à feu moyen et ajouter le quinoa. Cuire pendant 5 à 8 minutes ou jusqu'à ce que l'eau ait été absorbée. Hors du feu, égrenez le quinoa à la fourchette et remettez le couvercle. Laissez la chaleur restante cuire le quinoa pendant 5 minutes de plus.

e) Transférer le saumon glacé à la grenade dans un plat de service et saupoudrer de coriandre fraîchement hachée. Servir le saumon avec le quinoa.

70. Saumon au four et patates douces

Portions : 4 portions

Ingrédients

- 4 filets de saumon sans peau
- 4 patates douces de taille moyenne, pelées et coupées en morceaux de 1 pouce d'épaisseur
- 1 tasse de bouquets de brocoli
- 4 cuillères à soupe de miel pur (ou de sirop d'érable)
- 2 cuillères à soupe de marmelade/confiture d'orange
- 1 morceau de gingembre frais de 1 pouce, râpé
- 1 cuillères à café de moutarde de Dijon
- 1 cuillères à soupe de graines de sésame, grillées
- 2 cuillères à soupe de beurre non salé, fondu
- 2 cuillères à café d'huile de sésame
- Sel et poivre au goût
- Oignons de printemps/oignons verts, fraîchement hachés

Les directions:

a) Préchauffer le four à 400F. Graisser le plat allant au four avec du beurre non salé fondu.

b) Placer les tranches de patates douces et les bouquets de brocoli dans la poêle. Assaisonner légèrement avec du sel, du poivre et une cuillère à café d'huile de sésame. Assurez-vous que les légumes sont légèrement enrobés d'huile de sésame.

c) Cuire les pommes de terre et le brocoli pendant 10 à 12 minutes.

d) Pendant que les légumes sont encore au four, préparez le glaçage sucré. Dans un bol à mélanger, ajouter le miel (ou le sirop d'érable), la confiture d'orange, le gingembre râpé, l'huile de sésame et la moutarde.

e) Retirez délicatement le moule du four et étalez les légumes sur le côté pour faire de la place pour le poisson.

f) Assaisonnez légèrement le saumon avec du sel et du poivre.
g) Placer les filets de saumon au centre du plat allant au four et verser le glaçage sucré sur le saumon et les légumes.
h) Remettre la casserole au four et cuire pendant 8 à 10 minutes supplémentaires ou jusqu'à ce que le saumon soit tendre.
i) Transférer le saumon, les patates douces et le brocoli dans un joli plat de service. Garnir de graines de sésame et d'oignons nouveaux.

71. Saumon au four avec sauce aux haricots noirs

Portions : 4 portions

Ingrédients

- 4 filets de saumon, peau et arêtes retirées
- 3 cuillères à soupe de sauce aux haricots noirs ou de sauce aux haricots noirs et à l'ail
- ½ tasse de bouillon de poulet (ou bouillon de légumes comme substitut plus sain)
- 3 cuillères à soupe d'ail, haché
- 1 morceau de gingembre frais de 1 pouce, râpé
- 2 cuillères à soupe de xérès ou de saké (ou n'importe quel vin de cuisine)
- 1 cuillères à soupe de jus de citron, fraîchement pressé
- 1 cuillères à soupe de sauce de poisson
- 2 cuillères à soupe de cassonade
- ½ cuillères à café de flocons de piment rouge
- Feuilles de coriandre fraîche, finement hachées
- Oignon de printemps comme garniture

Les directions:

a) Graisser un grand moule à cake ou le tapisser de papier sulfurisé. Préchauffer le four à 350F.

b) Mélanger le bouillon de poulet et la sauce aux haricots noirs dans un bol moyen. Ajouter l'ail haché, le gingembre râpé, le xérès, le jus de citron, la sauce de poisson, la cassonade et les flocons de piment. Bien mélanger jusqu'à ce que la cassonade soit complètement dissoute.

c) Versez la sauce aux haricots noirs sur les filets de saumon et laissez le saumon absorber complètement le mélange de haricots noirs pendant au moins 15 minutes.

d) Transférer le saumon dans le plat allant au four. Cuire 15-20 minutes. Assurez-vous que le saumon ne sèche pas trop au four.

e) Servir avec de la coriandre hachée et de la ciboulette.

72. Saumon grillé au paprika avec épinards

Portions : 6 portions

Ingrédients

- 6 filets de saumon rose, 1 pouce d'épaisseur
- ¼ tasse de jus d'orange, fraîchement pressé
- 3 cuillères à café de thym séché
- 3 cuillères à soupe d'huile d'olive extra vierge
- 3 cuillères à café de poudre de paprika doux
- 1 cuillères à café de cannelle en poudre
- 1 cuillères à soupe de cassonade
- 3 tasses de feuilles d'épinards
- Sel et poivre au goût

Les directions:

a) Badigeonnez légèrement d'olives de chaque côté des filets de saumon, puis assaisonnez avec de la poudre de paprika, du sel et du poivre. Laisser reposer 30 minutes à température ambiante. Laisser le saumon absorber le paprika.

b) Dans un petit bol, mélanger le jus d'orange, le thym séché, la poudre de cannelle et la cassonade.

c) Préchauffer le four à 400F. Transférer le saumon dans un plat à four tapissé de papier d'aluminium. Versez la marinade sur le saumon. Cuire le saumon pendant 15-20 minutes.

d) Dans une grande poêle, ajoutez une cuillère à café d'huile d'olive extra vierge et faites cuire les épinards pendant environ quelques minutes ou jusqu'à ce qu'ils soient flétris.

e) Servir le saumon cuit au four avec les épinards à côté.

73. Saumon Teriyaki aux Légumes

Portions : 4 portions

Ingrédients

- 4 filets de saumon, peau et arêtes retirées
- 1 grosse patate douce (ou simplement pomme de terre), coupée en bouchées
- 1 grosse carotte, coupée en bouchées
- 1 gros oignon blanc, coupé en quartiers
- 3 gros poivrons (vert, rouge et jaune), hachés
- 2 tasses de bouquets de brocoli (peut être remplacé par des asperges)
- 2 cuillères à soupe d'huile d'olive extra vierge
- Sel et poivre au goût
- Oignons de printemps, hachés finement
- Sauce teriyaki
- 1 tasse d'eau
- 3 cuillères à soupe de sauce soja
- 1 cuillères à soupe d'ail, haché
- 3 cuillères à soupe de cassonade
- 2 cuillères à soupe de miel pur

- 2 cuillères à soupe de fécule de maïs (dissoute dans 3 cuillères à soupe d'eau)
- ½ cuillères à soupe de graines de sésame grillées

Les directions:

a) Dans une petite poêle, fouetter la sauce soya, le gingembre, l'ail, le sucre, le miel et l'eau à feu doux. Remuer continuellement jusqu'à ce que le mélange mijote lentement. Incorporer l'eau de fécule de maïs et attendre que le mélange épaississe. Ajouter les graines de sésame et réserver.

b) Graisser un grand plat allant au four avec du beurre non salé ou un aérosol de cuisson. Préchauffer le four à 400F.

c) Dans un grand bol, déposer tous les légumes et arroser d'huile d'olive. Bien mélanger jusqu'à ce que les légumes soient bien enrobés d'huile. Assaisonnez avec du poivre fraîchement concassé et un peu de sel. Transférer les légumes dans le plat allant au four. Répartir les légumes sur les côtés et laisser un peu d'espace au centre du plat de cuisson.

d) Placer le saumon au centre du plat allant au four. Verser les 2/3 de la sauce teriyaki sur les légumes et le saumon.

e) Faites cuire le saumon pendant 15 à 20 minutes.

f) Transférer le saumon cuit au four et les légumes rôtis dans un joli plat de service. Verser le reste de sauce teriyaki et garnir d'oignons nouveaux hachés.

74. Saumon à l'asiatique avec nouilles

Portions : 4 portions

Ingrédients

Saumon

- 4 filets de saumon sans peau
- 2 cuillères à soupe d'huile de sésame grillé
- 2 cuillères à soupe de miel pur
- 3 cuillères à soupe de sauce soja légère
- 2 cuillères à soupe de vinaigre blanc
- 2 cuillères à soupe d'ail, haché
- 2 cuillères à soupe de gingembre frais, râpé
- 1 cuillères à café de graines de sésame grillées
- Oignon de printemps haché pour la garniture

Nouilles de riz

- 1 paquet de nouilles de riz asiatiques

sauce

- 2 cuillères à soupe de sauce de poisson
- 3 cuillères à soupe de jus de citron vert, fraîchement pressé

- Flocons de chili

Les directions:

a) Pour la marinade de saumon, mélanger l'huile de sésame, la sauce soja, le vinaigre, le miel, l'ail haché et les graines de sésame. Verser dans le saumon et laisser mariner le poisson pendant 10 à 15 minutes.
b) Placer le saumon dans un plat allant au four légèrement graissé d'huile d'olive. Cuire 10-15 minutes à 420F.
c) Pendant que le saumon est au four, faire cuire les nouilles de riz selon les instructions sur l'emballage. Bien égoutter et transférer dans des bols individuels.
d) Mélanger la sauce de poisson, le jus de citron vert et les flocons de piment et verser dans les nouilles de riz.
e) Garnir chaque bol de nouilles de filets de saumon fraîchement cuits. Garnir d'oignons nouveaux et de graines de sésame.

75. Saumon poché dans un bouillon de tomates et d'ail

Pour 4 personnes

Ingrédients

- 8 gousses d'ail
- échalotes
- cuillères à café d'huile d'olive extra vierge
- 5 tomates mûres
- 1 1/2 tasse de vin blanc sec
- 1 tasse d'eau
- 8 brins de thym 1/4 cuillère à café de sel de mer
- 1/4 cuillère à café de poivre noir frais
- 4 filets de saumon sockeye Copper River huile de truffe blanche (facultatif)

les directions

a) Pelez et hachez grossièrement les gousses d'ail et les échalotes. Dans un grand plat à braiser ou sauteuse avec couvercle, mettre l'huile d'olive, l'ail et les échalotes. Faire suer à feu moyen-doux jusqu'à ce qu'ils soient tendres, environ 3 minutes.

b) Mettre les tomates, le vin, l'eau, le thym, le sel et le poivre dans la casserole et porter à ébullition. Une fois à ébullition, réduire le feu pour laisser mijoter et couvrir.

c) Laisser mijoter pendant 25 minutes jusqu'à ce que les tomates aient éclaté en libérant leur jus. À l'aide d'une cuillère ou d'une spatule en bois, écrasez les tomates en purée. Laisser mijoter à découvert pendant encore 5 minutes jusqu'à ce que le bouillon ait un peu réduit.

d) Pendant que le bouillon mijote encore, placez le saumon dans le bouillon. Couvrir et pocher 5 à 6 minutes seulement jusqu'à ce que le poisson se défasse facilement. Placer le poisson dans une assiette et réserver. Placez une passoire dans un grand bol et versez le reste du bouillon dans la passoire. Filtrer le bouillon en éliminant les solides restants. Goûtez le bouillon et ajoutez du sel et du poivre si nécessaire.

e) Une simple purée de pommes de terre au beurre ou même des pommes de terre rôties sont un bon accompagnement de ce repas. Garnir ensuite d'asperges sautées et de saumon poché.
f) Verser le bouillon filtré autour du saumon. Ajouter un filet d'huile de truffe blanche si désiré. Servir.

76. Saumon poché

Ingrédients

- Petits filets de saumon, environ 6 onces

les directions

a) Mettez environ un demi-pouce d'eau dans une petite poêle à frire de 5 à 6 pouces, couvrez-la, chauffez l'eau pour laisser mijoter, puis mettez le filet couvert pendant quatre minutes.
b) Ajoutez l'assaisonnement de votre choix au saumon ou à l'eau.
c) Les quatre minutes laissent le centre non cuit et très juteux.
d) Laissez le filet refroidir un peu et coupez-le en morceaux d'un pouce et demi de large.
e) Ajoutez à une salade comprenant de la laitue (toute sorte) une bonne tomate, un bel avocat bien mûr, des oignons rouges, des croûtons et toute vinaigrette savoureuse.

77. Saumon poché avec salsa aux herbes vertes

Portions : 4 portions

Ingrédients

- 3 tasses d'eau
- 4 sachets de thé vert
- 2 gros filets de saumon (environ 350 grammes chacun)
- 4 cuillères à soupe d'huile d'olive extra vierge
- 3 cuillères à soupe de jus de citron, fraîchement pressé
- 2 cuillères à soupe de persil, fraîchement haché
- 2 cuillères à soupe de basilic, fraîchement haché
- 2 cuillères à soupe d'origan, fraîchement haché
- 2 cuillères à soupe de ciboulette asiatique, fraîchement hachée
- 2 cuillères à café de feuilles de thym
- 2 cuillères à café d'ail, haché

Les directions:

a) Porter l'eau à ébullition dans une grande casserole. Ajouter les sachets de thé vert, puis retirer du feu.
b) Laissez infuser les sachets de thé pendant 3 minutes. Sortez les sachets de thé de la casserole et portez l'eau infusée à ébullition. Ajouter le saumon et baisser le feu.
c) Pocher les filets de saumon jusqu'à ce qu'ils deviennent opaques au milieu. Cuire le saumon de 5 à 8 minutes ou jusqu'à ce qu'il soit complètement cuit.
d) Retirer le saumon de la marmite et réserver.
e) Dans un mélangeur ou un robot culinaire, versez toutes les herbes fraîchement hachées, l'huile d'olive et le jus de citron. Bien mélanger jusqu'à ce que le mélange forme une pâte lisse. Assaisonnez la pâte avec du sel et du poivre. Vous pouvez ajuster les assaisonnements si nécessaire.
f) Servir le saumon poché sur un grand plat et garnir de pâte d'herbes fraîches.

78. Salade froide de saumon poché

Rendement : 2 portions

Ingrédients

- 1 cuillère à soupe de céleri haché
- 1 cuillère à soupe de carottes hachées
- 2 cuillères à soupe d'oignons hachés grossièrement
- 2 tasses d'eau
- 1 verre de vin blanc
- 1 feuille de laurier
- 1½ cuillère à café de sel
- 1 citron ; coupé en deux
- 2 brins de persil
- 5 grains de poivre noir
- Filet de saumon coupé au centre de 9 onces
- 4 tasses de pousses d'épinards; nettoyé
- 1 cuillère à soupe de jus de citron
- 1 cuillère à café de zeste de citron haché

- 2 cuillères à soupe d'aneth frais haché
- 2 cuillères à soupe de persil frais haché
- ½ tasse d'huile d'olive
- 1½ cuillère à café d'échalotes hachées
- 1 sel; goûter
- 1 poivre noir fraîchement moulu; goûter

les directions

a) Dans une poêle peu profonde, placez le céleri, les carottes, les oignons, le vin, l'eau, le laurier, le sel, le citron, le persil et les grains de poivre. Porter à ébullition, réduire le feu et placer délicatement les morceaux de saumon dans le liquide frémissant, couvrir et laisser mijoter pendant 4 minutes. Pendant ce temps faire la marinade.

b) Dans un bol, mélanger le jus de citron, le zeste, l'aneth, le persil, l'huile d'olive, les échalotes, le sel et le poivre. Versez la marinade dans une casserole ou un récipient non réactif avec un fond plat et juste assez d'espace pour déposer le saumon cuit. Retirez maintenant le saumon de la poêle et placez-le dans la marinade. Laisser refroidir 1 heure.

c) Mélanger les épinards dans un peu de marinade et assaisonner avec le sel et le poivre, puis répartir dans deux assiettes de service. À l'aide d'une spatule à fentes, déposer le saumon sur les épinards.

79. Saumon poché avec riz gluant

Rendement : 1 portions

Ingrédients

- 5 tasses d'huile d'olive
- 2 têtes de gingembre ; brisé
- 1 Tête d'ail; brisé
- 1 botte d'oignons verts ; effiloché
- 4 Morceaux de saumon; (6 onces)
- 2 tasses de riz japonais; à la vapeur
- ¾ tasse de mirin
- 2 oignons verts ; effiloché
- ½ tasse de cerises séchées
- ½ tasse de bleuets séchés
- 1 feuille de nori; en miettes
- ½ tasse de jus de citron
- ½ tasse de bouillon de poisson
- ¼ tasse de vin de glace
- ¾ tasse d'huile de pépins de raisin

- ½ tasse de maïs séché à l'air

les directions

a) Dans une casserole, porter l'huile d'olive à 160 degrés. Ajouter le gingembre écrasé, l'ail et les oignons verts. Retirez le mélange du feu et laissez infuser pendant 2 heures. Souche.

b) Cuire le riz à la vapeur puis assaisonner avec le mirin. Une fois refroidi, incorporer les oignons verts émincés, séchés dans une casserole. Monter l'huile d'olive à 160 degrés. Ajouter le gingembre écrasé, l'ail et les oignons verts. Prenez les baies et les algues.

c) Pour faire la sauce, porter à ébullition le jus de citron, le fumet de poisson et le vin de glace. Retirer du feu et incorporer l'huile de pépins de raisin. Assaisonnez avec du sel et du poivre.

d) Pour pocher le poisson, porter l'huile de pochage à environ 160 degrés dans une casserole profonde. Assaisonner le saumon de sel et de poivre et plonger délicatement le morceau de poisson entier dans l'huile. Laisser pocher doucement pendant environ 5 minutes ou jusqu'à ce qu'il soit saignant-moyen.

e) Pendant que le poisson cuit, placez la salade de riz sur une assiette et arrosez de sauce au citron. Mettez le poisson poché sur la salade de riz quand il a fini d'être poché.

80. Filet de saumon aux agrumes

Pour 4 personnes

Ingrédients

- ¾ kg de filet de saumon frais
- 2 cuillères à soupe de miel aromatisé ou nature de Manuka
- 1 cuillère à soupe de jus de citron vert fraîchement pressé
- 1 cuillère à soupe de jus d'orange fraîchement pressé
- ½ cuillère à soupe de zeste de citron vert
- ½ cuillère à soupe de zeste d'orange
- ½ pincée sel et poivre
- ½ citron vert tranché
- ½ Orange tranchée
- ½ poignée de thym frais et de micro-herbes

les directions

a) Utilisez environ 1,5 kg + Filet de saumon Regal frais, avec la peau, désossé.
b) Ajouter l'orange, le citron vert, le miel, le sel, le poivre et le zeste - bien mélanger
c) Une demi-heure avant la cuisson badigeonnez le filet avec un pinceau à pâtisserie et des agrumes liquides.
d) Trancher finement l'orange et les citrons verts
e) Cuire au four à 190 degrés pendant 30 minutes puis vérifier, peut nécessiter encore 5 minutes selon la façon dont vous préférez votre saumon.
f) Retirer du four et saupoudrer de thym frais et de micro-herbes

81. Lasagnes au saumon

Pour 4 personnes

Ingrédients

- 2/3 partie(s) Lait pour pocher
- 2/3 grammes Feuilles de lasagnes cuites
- 2/3 tasse(s) d'aneth frais
- 2/3 tasse(s) Pois
- 2/3 tasse(s) Parmesan
- 2/3 Boule de Mozzarella
- Sauce 2/3
- 2/3 Sachet de bébés épinards
- 2/3 tasse(s) Crème
- 2/3 cuillère(s) à thé de noix de muscade

les directions

a) Préparez d'abord les sauces béchamel et épinards et pochez le saumon. Pour la sauce béchamel, faire fondre le beurre dans une petite casserole. Incorporer la farine et cuire quelques minutes jusqu'à ce qu'elle soit mousseuse, en remuant constamment.

b) Ajouter progressivement le lait tiède en fouettant sans cesse jusqu'à ce que la sauce soit onctueuse. Porter à ébullition douce en remuant continuellement jusqu'à ce que la sauce épaississe. Assaisonner au goût avec du sel et du poivre.

c) Pour faire la sauce aux épinards, couper et laver les épinards. Avec de l'eau encore accrochée aux feuilles, placez les épinards dans une grande casserole, couvrez avec un couvercle et laissez mijoter doucement jusqu'à ce que les feuilles soient juste flétries.

d) Égouttez et essorez l'excès d'eau. Transférer les épinards dans un mélangeur ou un robot culinaire, ajouter la crème et la muscade. Pulser pour combiner puis assaisonner avec du sel et du poivre.

e) Préchauffer le four à 180°C. Graisser un grand plat allant au four. Pocher doucement le saumon dans le lait jusqu'à ce qu'il soit juste cuit, puis le casser en morceaux de bonne taille. Jetez le lait.

f) Couvrir finement le fond d'un plat allant au four avec 1 tasse de sauce béchamel.

g) Étalez une couche superposée de feuilles de lasagnes sur la sauce, puis étalez une couche de sauce aux épinards et placez la moitié des morceaux de saumon uniformément dessus. Saupoudrer d'un peu d'aneth ciselé. Ajouter une autre couche de lasagnes, puis ajouter une couche de sauce béchamel et saupoudrer de petits pois pour une couverture rugueuse.

h) Répétez les couches à nouveau, donc ses lasagnes, épinards et saumon, aneth, lasagnes, sauce béchamel puis petits pois. Terminez par une dernière couche de lasagnes, puis une fine couche de sauce béchamel. Garnir de parmesan râpé et de morceaux de mozzarella fraîche.

i) Cuire les lasagnes pendant 30 minutes, ou jusqu'à ce qu'elles soient chaudes et

82. Filets de saumon teriyaki

Pour 4 personnes

Ingrédients

- 140 grammes 2 x twin Regal 140g Portions de saumon frais
- 1 tasse(s) de sucre en poudre
- 60 ml de sauce soja
- 60 ml d'assaisonnement mirin
- 60 ml d'assaisonnement mirin
- 1 paquet de nouilles udon bio

les directions

a) Faire mariner 4 morceaux de 140 g de saumon Fresh Regal, avec du sucre en poudre, de la sauce soja, de la sauce mirin, bien mélanger les 3 ingrédients et laisser sur le saumon pendant 30 minutes.

b) Faites bouillir de l'eau et ajoutez les nouilles udon bio et laissez-les bouillir rapidement pendant 10 minutes.

c) Émincer finement les échalotes et réserver.

d) Cuire les portions de filet de saumon dans une poêle à frire à feu moyen à élevé pendant 5 minutes, puis les retourner d'un côté à l'autre en versant le surplus de sauce dessus.

e) Une fois que les nouilles sont prêtes à être étalées sur une assiette, garnir de saumon

83. Saumon à peau croustillante avec vinaigrette aux câpres

Pour 4 personnes

Ingrédients

- 4 portions de filet de saumon frais de Nouvelle-Zélande de 140 g
- 200 ml d'huile d'olive de première qualité
- 160 ml de vinaigre balsamique blanc
- 2 gousses d'ail écrasées
- 4 cuillères à soupe de câpres hachées
- 4 cuillères à soupe de persil haché
- 2 cuillères à soupe d'aneth haché

les directions

a) Enrober les filets de saumon dans 20 ml d'huile d'olive et assaisonner de sel et de poivre.

b) Cuire à feu vif à l'aide d'une poêle antiadhésive pendant 5 minutes, en tournant de haut en bas et d'un côté à l'autre.

c) Placez le reste des ingrédients dans un bol et fouettez, c'est votre vinaigrette, une fois le saumon cuit, versez la vinaigrette sur le filet, côté peau vers le haut.

d) Servir avec une salade poire, noix, halloumi et roquette

84. Filet de Saumon au Caviar

Pour 4 personnes

Ingrédients

- 1 cuillère à café de sel
- 1 quartier de citron vert
- 10 échalotes (oignons) épluchées
- 2 cuillères à soupe d'huile de soja (en supplément pour le badigeonnage)
- 250 grammes de tomates cerises coupées en deux
- 1 petit piment vert tranché finement
- 4 cuillères à soupe de jus de citron vert
- 3 cuillères à soupe de sauce de poisson
- 1 cuillère à soupe de sucre
- 1 poignée de brins de coriandre
- 1 1/2 kg Filet de saumon frais s/on b/out
- 1 Pot d'Oeufs de Saumon (Caviar)

- 3/4 concombre pelé, coupé en deux dans le sens de la longueur, épépiné et tranché finement

les directions

a) Préchauffer le four à 200 degrés, mais trancher le concombre dans un bol en céramique, avec le sel, mettre de côté pendant 30 minutes en le laissant mariner.

b) Mettre les échalotes dans un petit plat à rôtir, ajouter l'huile de soja, bien mélanger et mettre au four pendant 30 minutes, jusqu'à ce qu'elles soient tendres et bien dorées.

c) Sortez du four et laissez refroidir, pendant ce temps lavez bien le concombre salé, sous une grande quantité d'eau froide, puis essorez-le par poignées et placez-le dans un bol.

d) Préchauffez le gril du four à feu très vif, coupez les échalotes en deux et ajoutez-les au concombre.

e) Ajouter les tomates, le chili, le jus de lime, la sauce de poisson, le sucre, les brins de coriandre et l'huile de sésame et bien mélanger.

f) Goûtez – si besoin ajustez le sucré, avec du sucre et du jus de citron vert – réservez.

g) Placer le saumon sur du papier sulfurisé huilé, badigeonner le dessus du saumon d'huile de soja, assaisonner de sel et de poivre, placer sous le gril pendant 10 minutes ou jusqu'à ce qu'il soit juste cuit et légèrement doré.

h) Retirer du four, glisser sur un plat, saupoudrer du mélange de tomates et de concombres et de cuillerées d'œufs de saumon.

i) Servir avec des quartiers de citron vert et du riz

85. Steaks de saumon grillés à l'anchois

Rendement : 4 portions

Ingrédient

- 4 pavés de saumon
- Brins de persil
- Quartiers de citron ---beurre d'anchois-----
- 6 filets d'anchois
- 2 cuillères à soupe de lait
- 6 cuillères à soupe de beurre
- 1 goutte de sauce Tabasco
- Poivre

les directions

a) Préchauffer le gril à feu vif. Huilez la grille du gril et placez chaque steak pour assurer une chaleur uniforme. Déposer une noisette de Beurre d'Anchois (diviser le quart du mélange en quatre) sur chaque steak. Griller pendant 4 minutes.

b) Retournez les steaks avec une tranche de poisson et placez un autre quart du beurre entre les steaks. Griller sur le second côté 4 minutes. Baisser le feu et laisser cuire encore 3 minutes, moins si les steaks sont fins.

c) Servir avec une noisette de beurre d'anchois soigneusement arrangée sur chaque steak.

d) Garnir de brins de persil et de quartiers de citron.

e) Beurre d'Anchois : Faire tremper tous les filets d'anchois dans le lait. Écraser dans un bol avec une cuillère en bois jusqu'à consistance crémeuse. Crémer tous les ingrédients ensemble et réfrigérer.

f) Pour 4 personnes.

86. Saumon fumé au BBQ

Rendement : 4 portions

Ingrédient

- 1 cuillère à café de zeste de citron vert râpé

- ¼ tasse de jus de citron vert

- 1 cuillère à soupe d'huile végétale

- 1 cuillère à café de moutarde de Dijon

- 1 pincée de poivre

- 4 Darnes de saumon, 1 pouce d'épaisseur [1-1/2 lb.]

- ⅓ tasse de graines de sésame grillées

les directions

a) Dans un plat peu profond, mélanger le zeste et le jus de lime, l'huile, la moutarde et le poivre; ajouter le poisson en le retournant pour l'enrober. Couvrir et laisser mariner à température ambiante pendant 30 minutes en retournant de temps en temps.

b) Réserver la marinade, retirer le poisson; saupoudrer de graines de sésame. Placer sur un gril graissé directement à feu moyen. Ajouter les copeaux de bois trempés.

c) Couvrir et cuire, en retournant et en badigeonnant de marinade à mi-cuisson, pendant 16 à 20 minutes ou jusqu'à ce que le poisson se défasse facilement à la fourchette.

87. Saumon grillé au charbon de bois et haricots noirs

Rendement : 4 portions

Ingrédient

- ½ livre de haricots noirs ; trempé
- 1 petit oignon ; haché
- 1 petite Carotte
- ½ côte de céleri
- 2 onces de jambon ; haché
- 2 piments jalapenos ; équeuté et coupé en dés
- 1 gousse d'ail
- 1 feuille de laurier ; lié avec
- 3 brins de thym
- 5 tasses d'eau
- 2 gousses d'ail ; haché
- ½ cuillère à café de flocons de piment fort

- ½ citron ; jus
- 1 citron ; jus
- ⅓ tasse d'huile d'olive
- 2 cuillères à soupe de basilic frais; haché
- 24 onces de steaks de saumon

les directions

a) Mélanger dans une grande casserole les haricots, l'oignon, la carotte, le céleri, le jambon, les jalapenos, la gousse d'ail entière, le laurier avec le thym et l'eau. Laisser mijoter jusqu'à ce que les haricots soient tendres, environ 2 heures, en ajoutant plus d'eau si nécessaire pour garder les haricots couverts.

b) Retirer la carotte, le céleri, les herbes et l'ail et égoutter le liquide de cuisson restant. Mélanger les haricots avec l'ail haché, les flocons de piment fort et le jus de ½ citron. Mettre de côté.

c) Pendant la cuisson des haricots, mélanger le jus d'un citron entier, l'huile d'olive et les feuilles de basilic. Verser sur les pavés de saumon et réfrigérer pendant 1 heure. Griller le saumon à feu modérément élevé pendant 4 à 5 minutes de chaque côté, en arrosant d'un peu de marinade toutes les minutes. Servir chaque steak avec une portion de haricots.

88. Saumon d'Alaska grillé au pétard

Rendement : 4 portions

Ingrédient

- 4 6 oz. steaks de saumon
- $\frac{1}{4}$ tasse d'huile d'arachide
- 2 cuillères à soupe de sauce soja
- 2 cuillères à soupe de vinaigre balsamique
- 2 cuillères à soupe d'échalotes hachées
- $1\frac{1}{2}$ cuillère à café de cassonade
- 1 gousse d'ail, hachée
- $\frac{3}{4}$ cuillère à café de racine de gingembre frais râpé
- $\frac{1}{2}$ cuillère à café de flocons de piment rouge, ou plus pour
- Goûter
- $\frac{1}{2}$ cuillère à café d'huile de sésame
- $\frac{1}{8}$ cuillère à café de sel

les directions

a) Déposer les pavés de saumon dans un plat en verre. Fouettez ensemble le reste des ingrédients et versez sur le saumon.

b) Couvrir d'une pellicule plastique et laisser mariner au réfrigérateur pendant 4 à 6 heures. Faites chauffer le gril. Retirez le saumon de la marinade, badigeonnez le gril d'huile et placez le saumon sur le gril.

c) Griller à feu moyen pendant 10 minutes par pouce d'épaisseur, mesuré à la partie la plus épaisse, en retournant à mi-cuisson, ou jusqu'à ce que le poisson se défasse juste lorsqu'il est testé avec une fourchette.

89. Flash de saumon grillé

Rendement : 1 portions

Ingrédient

- 3 onces de saumon
- 1 cuillère à soupe d'huile d'olive
- ½ citron ; jus de
- 1 cuillère à café de ciboulette
- 1 cuillère à café de persil
- 1 cuillère à café de poivre moulu frais
- 1 cuillère à soupe de sauce soja
- 1 cuillère à soupe de sirop d'érable
- 4 jaunes d'œufs
- ¼ pinte de bouillon de poisson
- ¼ pinte de vin blanc
- 125 millilitres de crème double
- Ciboulette
- Persil

les directions

a) Trancher finement le saumon et le placer dans un contenant d'huile d'olive, de sirop d'érable, de sauce soya, de poivre et de jus de citron pendant 10 à 20 minutes.

b) Sabayon : Fouetter les œufs au bain marie. Faire réduire le vin blanc et le fumet de poisson dans une casserole. Ajouter le mélange aux blancs d'œufs et fouetter. Ajouter la crème, toujours en fouettant.

c) Déposer les fines tranches de saumon sur le plat de service et arroser d'un peu de sabayon. Passer sous le gril pendant 2-3 minutes seulement.

d) Retirer et servir aussitôt parsemé de ciboulette et de persil.

90. Pâtes au saumon grillé et encre de seiche

Rendement : 1 portions

Ingrédient

- 4 200 g ; (7-8oz) morceaux de filet de saumon
- Sel et poivre
- 20 millilitres d'huile végétale ; (3/4 oz)
- Huile d'olive pour la friture
- 3 gousses d'ail finement hachées
- 3 tomates finement hachées
- 1 oignon de printemps finement haché
- assaisonnement
- 1 brocoli

les directions

a) Pâtes : vous pouvez acheter des sachets d'encre de seiche chez un bon poissonnier... ou utiliser vos pâtes préférées

b) Préchauffer le four à 240°C/475°F/thermostat 9.

c) Assaisonnez les morceaux de filet de saumon avec du sel et du poivre. Faites chauffer une poêle anti-adhésive, puis ajoutez de l'huile. Mettre le saumon dans la poêle et saisir de chaque côté pendant 30 secondes.

d) Transférer le poisson sur une plaque à pâtisserie, puis rôtir pendant 6 à 8 minutes jusqu'à ce que le poisson se défasse, mais soit encore un peu rose au centre. Laisser reposer 2 minutes.

e) Transférer le poisson dans des assiettes chaudes et napper de sauce.

f) Cuire le brocoli avec les pâtes environ 5 minutes.

g) Versez un peu d'huile dans la poêle, ajoutez l'ail, les tomates et les oignons nouveaux. Faire revenir à feu doux pendant 5 minutes, ajouter le brocoli au dernier moment.

91. Saumon aux oignons grillés

DONNE 8 À 10 PORTIONS

Ingrédients

- 2 tasses de copeaux de bois dur, trempés dans l'eau
- 1 gros saumon norvégien d'élevage (environ 3 livres), arêtes retirées
- 3 tasses de Smoking Brine, à base de vodka
- ¾ tasse de Smoking Rub
- 1 cuillère à soupe d'aneth séché
- 1 cuillère à café de poudre d'oignon
- 2 gros oignons rouges, coupés en rondelles de -pouce d'épaisseur
- ¾ tasse d'huile d'olive extra vierge 1 bouquet d'aneth frais
- Le zeste finement râpé de 1 citron 1 gousse d'ail hachée
- Gros sel et poivre noir moulu

les directions

a) Mettez le saumon dans un sac jumbo (2 gallons) à fermeture éclair. Si vous n'avez que des sacs de 1 gallon, coupez le poisson en deux et utilisez deux sacs. Ajouter la saumure au(x) sac(s), chasser l'air et sceller. Réfrigérer pendant 3 à 4 heures.

b) Mélanger tout sauf 1 cuillère à soupe de frottement avec l'aneth séché et la poudre d'oignon et réserver. Faire tremper les tranches d'oignon dans de l'eau glacée. Faites chauffer un gril à feu doux indirect, environ 225 iF, avec de la fumée. Égouttez les copeaux de bois et ajoutez-les au gril.

c) Retirez le saumon de la saumure et séchez-le avec du papier absorbant. Jeter la saumure. Enduisez le poisson avec 1 cuillère à soupe d'huile et saupoudrez le côté charnu avec le mélange contenant de l'aneth séché.

d) Sortez les oignons de l'eau glacée et séchez-les. Enrober avec 1 cuillère à soupe d'huile et saupoudrer de la cuillère à soupe restante. Laisser reposer le poisson et les oignons pendant 15 minutes.

e) Badigeonner la grille du gril et bien frotter avec de l'huile. Placer le saumon, côté chair vers le bas, directement sur le feu et faire griller pendant 5 minutes jusqu'à ce que la surface soit dorée. À l'aide d'une grande spatule à poisson ou de deux spatules ordinaires, retournez le poisson côté peau et placez-le sur la grille du gril à l'écart du feu. Mettez les tranches d'oignon directement sur le feu.

f) Fermer le gril et cuire jusqu'à ce que le saumon soit ferme à l'extérieur, mais pas sec, et résilient au centre, environ 25 minutes. Une fois terminé, l'humidité perlera à travers la surface lorsque le poisson sera doucement pressé. Il ne doit pas complètement s'écailler sous la pression.

g) Tourner les oignons une fois pendant le temps de cuisson.

92. Saumon sur planche de cèdre

Pour : 6

Ingrédients

- 1 planche de cèdre non traité (environ 14" x 17" x 1/2")
- 1/2 tasse de vinaigrette italienne
- 1/4 tasse de soleil haché-tomates séchées
- 1/4 tasse de basilic frais haché
- 1 (2-livre) filet de saumon (1 pouce d'épaisseur), peau enlevée

les directions

a) Immergez complètement la planche de cèdre dans l'eau, en plaçant un poids dessus pour la garder totalement couverte. Faire tremper au moins 1 heure.
b) Préchauffer le gril à feu moyen-forte chaleur.
c) Dans un petit bol, mélanger la vinaigrette, le soleil-tomates séchées et basilic; mettre de côté.

d) Retirer la planche de l'eau. Placer le saumon sur la planche; placer sur le gril et fermer le couvercle. Griller 10 minutes puis badigeonner le saumon du mélange de vinaigrette. Fermer le couvercle et griller 10 minutes de plus, ou jusqu'à ce que le saumon se défasse facilement à la fourchette.

93. Saumon fumé à l'ail

Pour 4 personnes

Ingrédients

- 1 1/2 lb filet de saumon
- sel et poivre au goût 3 gousses d'ail, hachées
- 1 brin d'aneth frais, haché 5 tranches de citron
- 5 brins d'aneth frais
- 2 oignons verts, hachés

les directions

a) Préparez le fumoir à 250 °F.
b) Vaporiser deux grands morceaux de papier d'aluminium avec un aérosol de cuisson.
c) Placer le filet de saumon sur un morceau de papier d'aluminium. Saupoudrer le saumon de sel, de poivre, d'ail et d'aneth haché. Disposez les tranches de citron sur le dessus du filet et placez un brin d'aneth sur chaque tranche de citron. Saupoudrer le filet d'oignons verts.

d) Fumer environ 45 minutes.

94. Saumon grillé aux pêches fraîches

Portions : 6 portions

Ingrédients

- 6 filets de saumon, 1 pouce d'épaisseur
- 1 grosse boîte de pêches tranchées, variété de sirop léger
- 2 cuillères à soupe de sucre blanc
- 2 cuillères à soupe de sauce soja légère
- 2 cuillères à soupe de moutarde de Dijon
- 2 cuillères à soupe de beurre non salé
- 1 morceau de gingembre frais de 1 pouce, râpé
- 1 cuillères à soupe d'huile d'olive, variété extra vierge
- Sel et poivre au goût
- Coriandre fraîchement ciselée

Les directions:

a) Égoutter les pêches tranchées et réserver environ 2 cuillères à soupe de sirop léger. Couper les pêches en morceaux de la taille d'une bouchée.

b) Placer les filets de saumon dans un grand plat allant au four.

c) Dans une casserole moyenne, ajouter le sirop de pêche réservé, le sucre blanc, la sauce soya, la moutarde de Dijon, le beurre, l'huile d'olive et le gingembre. Continuez à remuer à feu doux jusqu'à ce que le mélange épaississe un peu. Saler et poivrer selon le goût.

d) Éteignez le feu et étalez généreusement une partie du mélange dans les filets de saumon à l'aide d'un pinceau à badigeonner.

e) Ajouter les pêches tranchées dans la casserole et bien les enrober de glaçage. Verser les pêches glacées sur le saumon et répartir uniformément.

f) Cuire le saumon environ 10-15 minutes à 420F. Gardez un œil attentif sur le saumon afin que le plat ne brûle pas.

g) Saupoudrez un peu de coriandre fraîchement ciselée avant de servir.

95. Saumon fumé et fromage à la crème sur pain grillé

Portions : 5 portions

Ingrédients

- 8 tranches de baguette française ou de pain de seigle
- ½ tasse de fromage à la crème, ramolli
- 2 cuillères à soupe d'oignon blanc, tranché finement
- 1 tasse de saumon fumé, tranché
- ¼ tasse de beurre, variété non salée
- ½ cuillères à café d'assaisonnement italien
- Feuilles d'aneth, finement hachées
- Sel et poivre au goût

Les directions:

a) Dans une petite poêle, faire fondre le beurre et ajouter graduellement l'assaisonnement italien. Répartir le mélange dans les tranches de pain.

b) Faites-les griller quelques minutes à l'aide d'un grille-pain.

c) Étendre un peu de fromage à la crème sur le pain grillé. Garnir ensuite de saumon fumé et de fines tranches d'oignon rouge. Répétez le processus jusqu'à ce que toutes les tranches de pain grillées soient utilisées.

d) Transférer dans un plat de service et garnir de feuilles d'aneth finement hachées.

96. Salade de saumon grillé au gingembre

Rendement : 4 portions

Ingrédients

- ¼ tasse de yogourt nature sans gras
- 2 cuillères à soupe de gingembre frais finement haché
- 2 gousses d'ail, finement hachées
- 2 cuillères à soupe de jus de citron vert frais
- 1 cuillère à soupe de zeste de citron vert fraîchement râpé
- 1 cuillère à soupe de miel
- 1 cuillère à soupe d'huile de colza
- ½ cuillère à café de sel
- ½ cuillère à café de poivre noir fraîchement moulu
- 1¼ livres de filet de saumon, 1 pouce d'épaisseur, coupé en 4 morceaux, peau, arêtes retirées
- Salade de cresson et gingembre mariné

- Quartiers de citron vert pour la garniture

Les directions:

a) Dans un petit bol, fouetter ensemble le yogourt, le gingembre, l'ail, le jus de lime, le zeste de lime, le miel, l'huile, le sel et le poivre.

b) Placer le saumon dans un plat en verre peu profond et verser la marinade dessus, en retournant le saumon pour l'enrober de tous les côtés. Couvrir et laisser mariner au réfrigérateur pendant 20 à 30 minutes en retournant une ou deux fois.

c) Pendant ce temps, préparez un feu de charbon de bois ou préchauffez un gril à gaz. (N'utilisez pas de lèchefrite; le saumon collera.) 3. À l'aide d'une brosse à barbecue à long manche, enduisez la grille d'huile.

d) Placer le saumon, peau vers le haut, sur le gril. Cuire pendant 5 minutes. À l'aide de 2 spatules en métal, retourner délicatement les morceaux de saumon et cuire jusqu'à ce qu'ils soient opaques au centre, 4 à 6 minutes de plus. Avec 2 spatules, retirer le saumon du gril. Glisser sur la peau.

e) Mélanger la salade de cresson avec la vinaigrette et répartir dans 4 assiettes. Garnir d'un morceau de saumon grillé. Garnir de quartiers de lime. Sers immédiatement.

97. Saumon grillé avec une salade de fenouil

Rendement : 2 portions

Ingrédient

- 2 filets de saumon de 140 g
- 1 Bulbe de fenouil; finement tranché
- $\frac{1}{2}$ poire ; finement tranché
- Quelques morceaux de noix
- 1 pincée de graines de cardamome broyées
- 1 Orange ; segmenté, jus
- 1 botte de coriandre; haché
- 50 grammes de fromage blanc léger
- 1 pincée de cannelle en poudre
- Sel gemme en flocons et poivre noir moulu

Les directions:

a) Assaisonnez le saumon de sel et de poivre et faites-le griller sous le gril.

b) Mélanger la poire avec le fenouil et assaisonner avec beaucoup de poivre noir, de cardamome et de noix.

c) Mixez le jus et le zeste d'orange avec le fromage blanc et ajoutez un peu de cannelle. Déposer un tas de fenouil au centre de l'assiette et lacer le saumon dessus. Décorer l'extérieur de l'assiette de quartiers d'orange et arroser de fromage frais à l'orange.

d) Le fenouil réduit les effets toxiques de l'alcool dans le corps et est un bon digestif.

98. Saumon grillé avec pomme de terre et cresson

Rendement : 6 portions

Ingrédient

- 3 livres Petit rouge à peau fine
- Pommes de terre
- 1 tasse d'oignon rouge finement tranché
- 1 tasse de vinaigre de riz assaisonné
- Environ 1/2 livre de cresson
- Rincé et croustillant
- 1 Filet de saumon, environ 2 lbs.
- 1 cuillère à soupe de sauce soja
- 1 cuillère à soupe de cassonade bien tassée
- 2 tasses de copeaux de bois d'aulne ou de mesquite
- Trempé dans l'eau
- Le sel

Les directions:

a) Dans une casserole de 5 à 6 litres, porter environ 2 litres d'eau à ébullition à feu vif; ajouter les pommes de terre. Couvrir et laisser mijoter à feu doux jusqu'à ce que les pommes de terre soient tendres lorsqu'elles sont percées, de 15 à 20 minutes. Égoutter et réfrigérer.

b) Faire tremper les oignons environ 15 minutes dans de l'eau froide pour couvrir. Égoutter et mélanger les oignons avec le vinaigre de riz. Couper les pommes de terre en quartiers; ajouter aux oignons.

c) Coupez les brins de cresson tendres des tiges, puis hachez finement suffisamment de tiges pour en faire ½ tasse (jetez les extras ou conservez-les pour d'autres usages). Mélanger les tiges hachées sur un grand plat ovale avec la salade de pommes de terre à côté; couvrir et garder au frais. Rincez le saumon et séchez-le. Placer, côté peau vers le bas, sur un morceau de papier d'aluminium épais. Couper le papier d'aluminium pour suivre les contours du poisson, en laissant une bordure de 1 pouce.

d) Sertissez les bords du papier d'aluminium pour qu'ils s'ajustent contre le bord du poisson. Mélanger la sauce soja avec la cassonade et badigeonner le filet de saumon.

e) Déposez le poisson au centre du gril, pas sur des braises ou une flamme. Couvrir le barbecue (ouvrir les évents pour le charbon de bois) et cuire jusqu'à ce que le poisson soit à peine opaque dans sa partie la plus épaisse (couper pour tester), 15 à 20 minutes. Transférer le poisson dans un plat avec la salade. Ajouter du sel au goût. Servir chaud ou froid.

ESPADON

99. Espadon au sésame mandarin

Pour : 4

Ingrédient

- 1/2 tasse de jus d'orange frais
- 2 cuillères à soupe de sauce soja
- 2 cuillères à café d'huile de sésame
- 2 cuillères à café de gingembre frais râpé
- 4 (6-once) steaks d'espadon
- 1 (11-once) peut mandarines, égouttées
- 1 cuillère à soupe de graines de sésame, grillées

les directions

a) Dans un grand sac de rangement en plastique refermable, mélanger le jus d'orange, la sauce soya, l'huile de sésame et le gingembre; ajouter le poisson, sceller le sac et laisser mariner au réfrigérateur pendant 30 minutes. Retirer le poisson de la marinade, réserver la marinade.
b) Préchauffer le gril à feu moyen-forte chaleur.
c) Placer le poisson sur une grille huilée. Griller le poisson 6 à 7 minutes de chaque côté, ou jusqu'à ce qu'il se défasse facilement à la fourchette.

d) Pendant ce temps, mettre la marinade réservée dans une casserole et porter à ébullition à feu vif. Laisser bouillir jusqu'à réduction et épaississement. Ajouter les mandarines et verser sur l'espadon.
e) Saupoudrer de graines de sésame et servir.

100. Steaks d'espadon épicés

Ingrédient

- 4 (4 oz) steaks d'espadon
- 1/4 cuillères à café de Cayenne, thym et origan
- 2 cuillères à soupe de paprika
- 2 cuillères à soupe de margarine ou de beurre (fondu)
- 1/2 cuillères à café de sel, poivre, oignon et ail en poudre

les directions

a) Pour un apéritif, coupez les steaks d'espadon en petites lanières. Pour un repas, laissez les steaks d'espadon entiers. Mélangez toutes les saisons ensemble. Tremper le poisson dans le beurre fondu. Enrober les deux côtés d'assaisonnement. Placer sur le gril.

b) Cuire environ 4 minutes; retourner et cuire environ 4 minutes de plus ou jusqu'à ce que le poisson soit ferme et feuilleté. Donne 4 portions.

CONCLUSION

Les fruits de mer sont l'un des aliments les plus commercialisés qui fournissent des aliments locaux essentiels et détiennent une part importante dans l'économie de nombreux pays. Les poissons à nageoires et les crustacés sont deux grandes classes de poissons qui comprennent le poisson blanc, les poissons riches en pétrole, les mollusques et les crustacés.

Les fruits de mer ont été considérés comme une excellente source de divers composés nutritionnels comme les protéines, les graisses saines (acides gras polyinsaturés, en particulier les oméga-3 et oméga-6), l'iode, la vitamine D, le calcium, etc. et ces composés ont des effets préventifs sur de nombreuses maladies cardiaques. et les maladies auto-immunes.

www.ingramcontent.com/pod-product-compliance
Lightning Source LLC
Chambersburg PA
CBHW071805080526
44589CB00012B/695